イエスは四度笑った

米田彰男
Yoneda Akio

筑摩選書

イエスは四度笑った　目次

はじめに　009

第一章　イスカリオテのユダと『ユダの福音書』　013
1　イスカリオテのユダ　014
2　正典福音書の成立から『ユダの福音書』発見まで　021
3　グノーシス主義キリスト教と正統派キリスト教　031
4　『ユダの福音書』の中のイスカリオテのユダ　036

第二章　イエスを四度笑わせた『ユダの福音書』　051
1　『ユダの福音書』の中の四度の笑い　052
2　正統派教会のエウカリスチア（ミサ）を一撃した最初の笑い　062
㋑『ユダの福音書』の著者の標的／㋺『ユダの福音書』の新しさ／㋩『ユダの福音書』の歴史的価値／㋥アンティオキアの聖イグナティオスの書簡

第三章　正典福音書におけるイエスの〈怒り・苦しみ・悲しみ・喜び〉　087
1　共観福音書（マルコ・マタイ・ルカ）とヨハネ福音書の成立　088
2　イエスの怒り①　092
3　新約聖書の写本　096

4 イエスの怒り② 099
5 イエスの苦しみ・悲しみ・喜び 109
第四章 正典福音書におけるイエスの〈ユーモア〉 115
1 「ユーモア」という言葉 116
2 放蕩息子の譬え話 120
㋑譬え話の変形と真意／㋺聖書的対話／㋩放蕩息子の譬え話の構造／㊁法華経「長者窮子」との比較
3 「比喩」の面白さ 133
㋑新しい布、新しいぶどう酒／㋺目の塵と梁／㋩蚋と駱駝／㊁金持ちと駱駝
第五章 正典福音書におけるイエスの〈笑い〉 145
1 イエスの笑いの欠如 146
㋑このテーマに挑戦した人々／㋺学問的方向性／㋩チェスタートンの直観
2 椎名麟三の疑問 157
3 社会的構造悪に対する逆説的笑い 160
㋑よきサマリア人の譬え話／㋺フェニキアの女の機知／㋩カエサルのものはカエサルに、神のものは神に……／㊁腹の中に入り、厠に出る
4 社会的弱者への共感に基づく笑い 187

㋑右の頰、左の頰／㋺不正な管理人／㋩情欲をもって女を見る者は……

5　快活で晴朗な笑い――イエスの食卓　208

㋑最後の晩餐／㋺ガリラヤ湖畔の食事／㋩大食漢の大酒飲み

追記1　聖夜を前に聖書ひもといて　221

追記2　ガザの「壁」　225

おわりに　243

註　245

イエスは四度笑った

はじめに

聖書のどこにも、イエスの笑いは出てこない。新約聖書、特にイエスの生涯の言動を描いた福音書、今日キリスト教において正典とされる四つの福音書、（書かれた順に）マルコ・マタイ・ルカ・ヨハネによる福音書のどこにも、イエスの笑いは出てこない。「史的イエス」、すなわち歴史の中に生きたイエスは、本当に笑わなかったのか？　聖書におけるイエスの笑いの不在は、二千年に亘る一つの謎である。本文中でも言及しているが、この問題に正面から、しかも現代聖書学の成果を踏まえつつ真剣に挑戦した者は、不思議なことに限りなく〇に近い。

一九七〇年代に発見された『ユダの福音書』、約千六百年間ナイル川流域の土の中に埋もれていたこの福音書においては、イエスは四度笑っている。一人のグノーシス主義者によって書かれた、イスカリオテのユダの福音書における、イエスの四度の笑いは、いったい何を意味するのか？　また、確かに『ユダの福音書』においてイエスは四度笑っているが、その笑いは歴史の現場で本当にイエス自らが笑ったものなのか？　そうではなく、『ユダの福音書』の著者が自己の主張を正当化するため、イエスを著者自身が笑わせたに過ぎないのか？（第一章・第二章）

マルコ・マタイ・ルカ・ヨハネの正典福音書には、イエスの怒り、イエスの苦しみや悲しみ、イエスの喜びは、ギリシャ語の言語においても明記され表現されている。（第三章）。

しかし、ギリシャ語の言語自体においても、イエスの笑いは不在であり欠如している。正典福音書を、急速かつ高度に発展した「現代聖書学」の成果に基づいて分析してゆく時、そこから浮かび上がるイエスの風貌、その風貌を通して、イエスの笑いに辿り着くことは、果たして不可能なのだろうか？（第四章・第五章）

本文中でも言及するが、かつて、小説家である椎名麟三（一九一一〜一九七三年）が、「道化師の孤独」というエッセイの中で、「福音書には、イエスの笑いの記事がないことが残念である」と述べた。それに対しある人が、彼の文章を「笑って」次のように言った、「冗談じゃない、イエスも人間だから泣きもしただろうし、だから当然笑いもしただろう。福音書に書いてないからといって、イエスが笑わないなんて考えるやつは愚の骨頂だ」と。椎名を笑ったこの人の「笑い」は、優越感からくる笑いである。椎名が真摯《しんし》な思いで語っていることは、そういうことではない。福音書にイエスの笑いが記録されてないために、「イエスはいったい何に対して笑われたのか」が不明であり、それを知り得ないのが残念だと語っているのだ。

本書は、第一章から第五章へと進むに従って、（どうか辛抱強く、最後まで読んでほしいのだが）正典福音書の中で一度も笑っていないイエスを、もう一度イエスが生きた歴史の現場に戻し、「イエスは笑った。四度ならず、大いに笑った」ことを、無力ながらも力の限り追求した一つの試みである。

椎名麟三の深慮遠謀《しんりょえんぼう》の疑問、「どんな時、どんな事に対してイエスは笑われたのか」？　至難のわざとも思われる、この疑問の解明に向かって、勇気を込めて船出しよう!

第一章

イスカリオテのユダと『ユダの福音書』

1　イスカリオテのユダ

聖書を学び、味わい、生きる者にとって、最も興味深い問いかけは、「イエスとは誰か」である。しかし、これは難問である。なぜなら、イエスは何一つ書き残さなかったからだ。限りなき大物は文章を残さない。ソクラテス然り、孔子然り、イエスもまた然りである。書いたかもしれないが、残っていない。弟子や名もなき民衆の記憶が、その人物の偉大さを伝えるのみである。イエスの場合、『新約聖書』は、イエスを神と崇める人々が書き残した、いわば信仰の書であるから、歴史の中に生きたイエスの素顔を浮き彫りにすることは至難のわざである。拙著『寅さんとイエス』（筑摩書房）は、その一つの挑戦に過ぎない。

イエスの背後に、一人の謎の人物が存在する。それはイスカリオテのユダである。諸説あるが、イシューケリオト（イシューはヘブライ語で人）、すなわちケリオトの人、ユダである。ナザレのイエスと呼ばれる如く、ケリオト出身のユダである。長い歴史を通じ、変わることなく「裏切り者」のレッテルを貼られ続けてきた、ユダである。

正典福音書（マルコ・マタイ・ルカ・ヨハネ）のみならず、多くの新約外典、グノーシス文書、教父文書もユダを語り、洋の東西を問わず、文学や絵画においてもユダは裏切り者として語られ描かれてきた。しかし本当に、歴史の中に生きた「史的ユダ」は、イエスを裏切ったのであろうか？

四つの正典福音書の中で、一番早く書かれるのはマルコ福音書である。これは今では聖書学の定説である。イエスの死後、諸説あるが、三十年余り経て書かれたマルコ福音書には、なぜユダがイエスを祭司長たちに引き渡したか、その動機は述べられていない（マルコ一四の一〇～一一）。マルコ福音書が書かれてから十年以上経て書かれるマタイ福音書では、銀貨三十枚の取引で、ユダはイエスを官憲に引き渡す機会を狙い始める（マタイ二六の一四～一六）。マタイとほぼ同時期に書かれるルカ福音書によると、サタン（悪魔）がユダの中に入り込み、ユダをけしかけて祭司長の所に行かせ、どのようにしてイエスを引き渡すかの策謀が始まる（ルカ二二の三～六）。マタイとルカは、マルコを手元に置いて書いているのだが、この三つの共観福音書とは別に、一世紀の終わり頃、ヨハネ福音書が書かれる。ヨハネによると、イエスと十二使徒一行の財布を預かっていたのはユダであり、ユダは時々、預かっている金をちょろまかしていると言う（ヨハネ一二の六）。

更にヨハネ福音書によると、最後の晩餐の席で、サタンがユダの中に入った後、イエスをしてユダに向かい「汝が為すことを、すぐに為せ」と言わしめる。この意味深長な謎めいた言葉に対し、その場に居た者は誰も、何のためにイエスがそう言ったのか、わからなかったと明記している（ヨハネ一三の二七～二八）。

なぜイエスはユダに「やろうと思っていることを早くやれ」と言ったのか。ユダの裏切りを予知して言ったとすると、悪事を早く為せと言ったことになる。イエスが神ならば、「善にして正義の神が、なぜ人間を悪の行為に促したのか」という疑問が残る。十三世紀の卓越した思想家トマス・アクィナスが言うように、ユダの中にはすでにサタンが充満していて、神はユダの行為を「黙許」されたのか？　あるいはまた、後に『ユダの福音書』を吟味するが、その福音書が語る如く、イエスはユダを「悪」に促したのではなく、逆に「善」に促したという可能性が残されているのか？

以上の如く、ユダによるイエスの引き渡し行為の動機は、それぞれの福音書で異なる。また最後の晩餐における謎めいたイエスの言葉は、ユダを悪に促しているのか、あるいは権力者当局への身柄の引き渡しを、イエス自らがユダに願っているのか？　古今東西、ほぼすべての人が「裏切り」行為と断定し断罪しているユダの「引き渡し」行為には、前代未聞の新しい見解の余地を残しているが、ユダの最期の有様についても、全く異なる二つの伝承が残されている。

一つはマタイ福音書二七章三〜五節において、ユダは自らの行為を後悔し、三〇枚の銀貨を神殿に投げ入れて祭司長や長老らに返還し、首をくくって自殺する。この件《くだり》はレンブラントの有名な絵画「銀貨三〇枚を返すユダ」の中でドラマチックに描かれている。一方ルカ福音書に続き、同じルカが筆を執る「使徒行伝」一章一八節においては、マタイとは異なる死に方を伝えている。ユダは不正の報酬で土地を獲得し、そこで逆さまに落ちて体が真っ二つに裂け、内臓がすべて流出してしまうという、何ともおどろおどろしい最期を記している。このように、マタイではユダは良心の呵責《かしやく》に苛《さいな》まれて自殺し、使徒行伝では悪行ゆえの天罰の死を遂げる。

要するに、イエスの受難物語における、ユダの行為の動機の真相も、ユダの死の歴史的真実も、見極めることは容易ではない。

そこでもう一度問おう。ユダは本当にイエスを裏切ったのか？　確かに、ユダが裏切らなかったら、イエスの逮捕もなく、逮捕がなければその後の審問も、十字架上の死もなく、イエスの死がなければ復活もなく、更には今日のキリスト教もない。

明らかに新約聖書が語るユダのイメージは、善人ではなく悪人である。しかし、どうしてユダは仲間たちから嫌われたのか？　実際に悪者であった可能性もあるが、そうでなかった可能性もある。確かに、二千年に亘るユダの汚名を晴らすことは不可能に思えるが、しばし立ち止まって、ユダの名誉のために、想像を膨《ふく》らませてみよう。

福音書において、イエスが選んだとされる十二人の弟子のほとんどは、ガリラヤ出身の漁師であった。イスカリオテのユダが「ケリオトの人、ユダ」を意味しているとすると、ケリオトの具体的な場所は今日まで定かではないが、ガリラヤ地方ではない可能性が高い。もし十二人のうち一人だけが、ガリラヤの田舎者でなく、エルサレムのあるユダヤ地方出身のいくらか都会じみたインテリであったとすると、どうしてもその一人は仲間から浮いてしまうことが考えられる。

またユダは、イエスと十二使徒集団の金袋を預かっていた。財布を任されていたということは、イエスのユダへの信頼が厚かったからであろうし、ユダ自身計算能力の高い賢い人物であったはずだ。そのことから当然、他の仲間からの妬みも生じたに違いない。金銭問題だけでなく、日常のやり取りの中にも、師イエスを巡って、十二人の間で嫉妬が渦巻いていたことは、福音書の端々から感じ取ることができる。

あるいはまた、イエスは常日頃、重要な教えの一つとして、例えばマルコ一〇章二一節などで、もし金銭が有り余っていたら、それを貧しい人々にばらまき、分け与えなさい、と言っている。とすると財布を預かっていたユダは、生活するために必要以上の寄付などを受け取った場合、その一部を困窮する人々に配っていた可能性がある。例えば、レプラと呼ばれる重い病のため隔離されている人々の所に赴き、余剰の金銭や日常必需品を、おすそ分けしていたのかもしれない。しかもそれはユダが勝手にやっていたというよりも、イエス自身も承知の上で、当たり前のように実行していた可能性がある。日常茶飯事のそうした行為によって少なくなった金銭に対し、十一人の仲間たちの中には、ユダは預かっている金袋をごまかし、自分のために使っていると勘ぐる者がいたとしても不思議ではない。事実ヨハネ一二章において、女が高価な香油をイエスの足に塗り、自分の髪の毛でぬぐった時、ユダは「なぜこの香油を三百デナリで売って、貧しい人たちに施さないのか」と言い、それに対し、ヨハネ福音史家は、彼がこう言ったのは貧しい人々のことを心にかけていたからではなく、ユダ自身盗人であり、金入れを預かっていながら、その中身をごまかしていた、と解釈している。

以上述べてきたように、各福音書を一つ一つ丁寧に分析すると、ユダの生についても死についても、歴史的史実は不確かである。ところでユダに関し、ユダを積極的に弁護すべき確実な情報は残っていないのだろうか？　ここで一つ、特筆すべき事柄を取り上げよう。

福音書の中で一番早く書かれるマルコ福音書において、どこにも「裏切り者」のユダだとか、ユダがイエスを「裏切った」とか書かれていないということである。「裏切った」ではなく、「引き渡した」というギリシャ語、παρα-δίδωμι（パラディドーミィ）が使用されているという、明白な事実の存在である。例えば、マルコ三章一九節では「このユダがイエスを引き渡した」と述べ、一四章一八節では「アーメン、あなた方に言う、私と一緒に食べている者が、私を引き渡すであろう」と明記している。

問題は翻訳である。現代、多くの日本語の聖書は「引き渡す」を「裏切る」と訳し、ドイツ語の聖書も **verraten**（裏切る）と訳し、英語の聖書も **betray**（裏切る）と訳している。そうした傾向の中にあってフランス語のＴＯＢは正しく **livrer**（引き渡す）と訳している。新約聖書が書かれた当時、このギリシャ語に「裏切る」という意味は全く含まれない。イスカリオテのユダがイエスを官憲に引き渡したとだけ述べている。

驚くべきことは、マルコだけでなく、マルコ以後に書かれるマタイ、ルカ、ヨハネにおいても、関連箇所のギリシャ語はことごとく παρα-δίδωμι（引き渡す）である。日本語聖書において「裏切る」と訳されている多くの箇所は、正しくは「引き渡す」と訳さねばならない。このことは、これから展開する『ユダの福音書』の内容に密接に関わる重要な問題ゆえ、読者への参考のため、類似場面に従ってこの語（παρα-δίδωμι）に関連する箇所を列挙しておこう。

《十二使徒の選び》

マルコ三の一三〜一九

マタイ一〇の一〜四

ルカ六の一二〜一六
ヨハネ六の七〇〜七一

《祭司長との引き渡しの策謀》
マルコ一四の一〇〜一一
マタイ二六の一四〜一六
ルカ二二の三〜六

《横領疑惑》
ヨハネ一二の三〜八

《引き渡しに関するイエスの予言》
マルコ一四の一七〜二一
マタイ二六の二〇〜二五
ルカ二二の二一〜二三
ヨハネ一三の一〇〜一一、二一〜三〇

《接吻の合図とイエスの逮捕》
マルコ一四の四三〜四六
マタイ二六の四七〜五〇
ルカ二二の四七〜四八
ヨハネ一八の一〜六

《ユダの死》

マタイ二七の三〜一〇

使徒行伝一の一五〜一九

最後の使徒行伝を除く（この箇所は「道案内人」のユダとなっており、問題のギリシャ語は出てこない）すべての箇所において問題の語 παρα-δίδωμι が出てくるが、「引き渡す」という意味のこのギリシャ語を「裏切る」と訳すべきではない。そして、引き渡す行為は、必ずしも裏切る行為と結びつかない。引き渡す行為の背後に、裏切りとは別の動機、別の真意が含まれている可能性が残る。その裏切りとは別の動機が、これから扱う『ユダの福音書』には書かれている。

2 正典福音書の成立から『ユダの福音書』発見まで

四つの正典福音書と『ユダの福音書』については、後に詳しく述べるが、正典福音書の成立から『ユダの福音書』発見に至るまでの、二千年に亘る「福音書」の歴史の大まかな輪郭を素描してみよう。

ちなみに「福音」とは、ギリシャ語でエウアンゲリオン（εὐαγγέλιον）で、その意味は、よき知らせ、喜びの訪れである。「福音書」とは、イエスの言葉や行い、その生涯を記した文書である。

イエスが十字架上で殺害されるのは紀元三〇年頃であるが、五〇年頃からパウロの手紙の一部が成立し始め、その最も古い文書として「テサロニケ人の教会への第一の手紙」がある。その後、諸説あるが、六〇年代から九〇年代にかけて、後に正典福音書となる「マルコ・マタイ・ルカ・ヨハネ」の四つの福音書が書かれてゆく。書き手も、書いた時も、書いた場所も、語りかける対象もそれぞれ異なる。

二世紀に入り、後に述べるキリスト教グノーシス派が台頭し、一一〇年頃から一五〇年の間に、グノーシス思想を基盤にした『トマス福音書』、『ペトロ福音書』、『マリア福音書』などが書かれ、問題の『ユダの福音書』も一五〇年頃に成立する。

その頃、同じくグノーシス派の『ヨハネのアポクリュフォン』なども書かれるが、こうした「正典」以外のユダヤ教、キリスト教関連の文書を「外典」と呼ぶ。新約聖書の正典は、四つの福音書を含め二十七書である。

注目すべきは、一四〇年代前半あたりに成立する『マルキオン聖書』である。この聖書は、「福音書」と「使徒書」から成り、ルカ福音書とパウロの書簡のみを正典として採用する。正統派教会によって異端とされたマルキオンであるが、彼こそ最初に正典化の試みに挑戦した人物である。マルキオンの正典化に刺激され、いわゆる正統派も負けじと正典化に拍車をかけ、一五〇年から二〇〇年に亘り、マルコ、マタイ、ルカ、ヨハネの四書が正典福音書として次第に認められてゆく。

『ユダの福音書』との関連で、極めて重要な事柄は、一八〇年頃、正統派にとって当時最も重要な人物であるリヨンの司教エイレナイオス（一三〇年頃〜二〇二年。最近は通常このギリシャ語読み。ラテン語でイレネウス、カトリックの奪格読みでイレネオ）が、キリスト教グノーシス派を痛烈に批判し、その著『偽りの知識の暴露と反駁』、いわゆる『異端反駁』の中で、「グノーシスの名のもとに、正しい神理解から逸脱させる書物」として『ユダの福音書』に対しても激烈な非難を浴びせている。

ここで、福音書の正典化と並行して、キリスト教における「教義（ドグマ）」の形成について一瞥《べつ》しておこう。

三二五年　ニカイア（ニケア）公会議
三八一年　第一回コンスタンティノポリス公会議
四三一年　エフェソス公会議
四五一年　カルケドン公会議
五五三年　第二回コンスタンティノポリス公会議

こうした初期の五つの公会議を通して、キリスト教の根幹となっている「三位一体」や「イエスの神性と人性」等の教義が確立されていく。こうした「正統派」の教義の形成に伴い、アリウス派はニカイア公会議で、ネストリウス派はエフェソス公会議で、エウテュケスの単一性論はカルケドン公会議で、それぞれ「異端」として退けられてゆく。

ちなみに公会議とは、初期においてはローマ帝国皇帝が、のちに教皇（ローマの司教）が招集し、全世界からカトリック教会の枢機卿《きょう》、司教、神学者などが集められ、教義などを決定する最高会議である。先ほどあげた五つの公会議は特に重要で、この初期の公会議においては、東方教会も西方教会もほぼ共同の歩調をとっている。東方教会とは、大雑把に言うと、ギリシャ正教やロシア正教の流れであり、西方教会とはカトリックやプロテスタントの流れである。

近年行われた最も注目すべき公会議は、第二ヴァチカン公会議（一九六二〜六五年）であり、ヨハネ二十三世教皇及びパウロ六世教皇のもとに開催され、著名なプロテスタント神学者カール・バルトをして「ルターの宗教改革に勝るとも劣らぬ改革である」と言わしめたほどの、カトリック教会を一大方向転換に導いた公会議である。一つは聖書と初代教会への帰還であり、一つは現代世界への開きであり、一つは諸教会、諸宗教との対話である。

ここで再び聖書の正典化の歴史に戻ると、三六七年に正統派の司教、アレクサンドリアのアタナシオス（二九八年頃〜三七三年）が、「第三十九復活祭書簡」で、四福音書を含む二十七文書を新約聖書の正典（ギリシャ語の κανών カノーンで、元来は葦《あし》のまっすぐな茎に由来し、尺度や方針、許されている範囲などを意味する）として初めて示し、まさにこの二十七書が現在に至る新約聖書の正典である。

ちなみに、旧約聖書の正典に関しては、ユダヤ教とプロテスタントが三十九書で、カトリックが四十六書である。カトリックが七書多いのは、ヘブライ語で書かれていない書を含むためだが、紀元七〇年頃までは、ユダヤ教もヘブライ語以外の七書を含めていた。ユダヤ教がヘブライ語のみを正典としたのは、紀元九〇年頃のヤムニアの宗教会議を経て、一四〇年のガリラヤのウーシャ会議である。

近年、ナイル川流域や死海の畔などで、聖書に関わる発見があり話題になったが、聖書の「原典」が見つかったわけではなく、後に詳述するおびただしい数の「写本」の発見である。問題の『ユダの福音書』に話を戻すと、発見された写本の書かれた推定年代は、放射性炭素年代測定に基づくと、高い確率で紀元二四〇年から三二〇年の間である。

『ユダの福音書』に関しては、先に述べたようにエイレナイオスの『異端反駁』で非難されたが、三七五年にサラミスの司教、エピファニオスがこの書を糾弾する。その頃、世界史的に重要な事柄として、三八〇年代、テオドシウス一世は、カトリックをローマ帝国の国教と定め、三九二年には、ギリシャ・ローマの神々の礼拝を禁止する。

聖書関連の写本の発見に着目して、時代を一挙に千五百年ほどジャンプしよう。一八四四年にシナイ山の聖カタリナ修道院において、最古の新約聖書を含む「シナイ写本」が発見される。その後グノーシス派の福音書、『ペトロ福音書』が一八八六年にエジプトで発見され、続いて一八九六年には『マリアの福音書』もエジプトで発見される。この書は『マグダラのマリアによる福音書』とも呼ばれ、後にベルリンに運ばれる。

その後、二十世紀におけるユダヤ・キリスト教にまつわる三大発見と言っても過言ではない発見が続く。その一つは、小説や映画で話題を呼んだ『ダ・ヴィンチ・コード』に登場する「ナグ・ハマディ文書」である。一九四五年にエジプトのナイル川流域、ナグ・ハマディにおいて、農民らによって発見されたものである。そこでは、『ダ・ヴィンチ・コード』の作者ダン・ブラウンが重要な資料とする『フィリポ福音書』や『トマス福音書』など五十二文書が見つかり、その多くはグノーシス思想に基づいて書かれたものである。この写本はコプト語で書かれ、ギリシャ語原典からの翻訳であり、冊子本（コデックス）の形をとっている。

二つ目の発見は、これこそ世界に衝撃を与えた、二十世紀最大の考古学的発見である「死海写本」である。当時の証言に基づき、状況が定かでない点も多いが、一九四七年、パレスチナの死海の畔のクムランで、一人の牧童が逃げた家畜（山羊）を追いかけている時、洞窟《ほら》を発見し、洞穴《あな》に向かって石を投げ入れたところ、その石が瓶《かめ》に当たり、その中から巻物（スクロール）が見つかった。以後、古代イスラエル史の権威、ドミニコ会のローラン・ドゥ・ヴォー神父らによって発掘作業が始まり、今日に至る。

ところで、『ダ・ヴィンチ・コード』は、ところどころに誤りがある。例えば、「福音書」に触れる次の記述、「コンスタンティヌスが抹殺しようとした福音書の中には、かろうじて残ったものがある。一九四〇年代から五〇年代にかけて、パレスチナの砂漠にあるクムラン付近の洞窟で、死海文書が発見された」は、あたかも死海文書の中に「福音書」が含まれているかの如き内容であるが、これは嘘である。今日に至るまで、クムランの洞穴から出土したおびただしい数の断片の中には、イエスや新約聖書に登場する人物に関する資料は含まれていない。ただ一つ興味深い発見を付加しておくと、クムラン第七洞窟（発見された洞窟は一～一一の番号が付けられている）で見つかった縦横三・九～二・七cmの小さな断片はマルコ六章の一部だとするホセ・オカラハンの論文[1]は特筆に値する。

三つ目の発見こそ、まさに今取り組んでいる『ユダの福音書』である。一九七〇年代のある時点に、これもまたナイル川流域であるが、ミニヤー県の町マガーガ（図Ⅰ参照）で『ユダの福音書』を含む四つの写本が、冊子本（コデックス）の形態で発見される。パピルス紙（パピルスとはカヤツリグサ科の植物の一種）一枚一枚を折りたたんで作る折丁《おりちょう》から成る簡素な本で、三三枚六六頁の形（図Ⅱ参照）で発見される。

その内容は以下の通りである。

一～九頁　『フィリポ

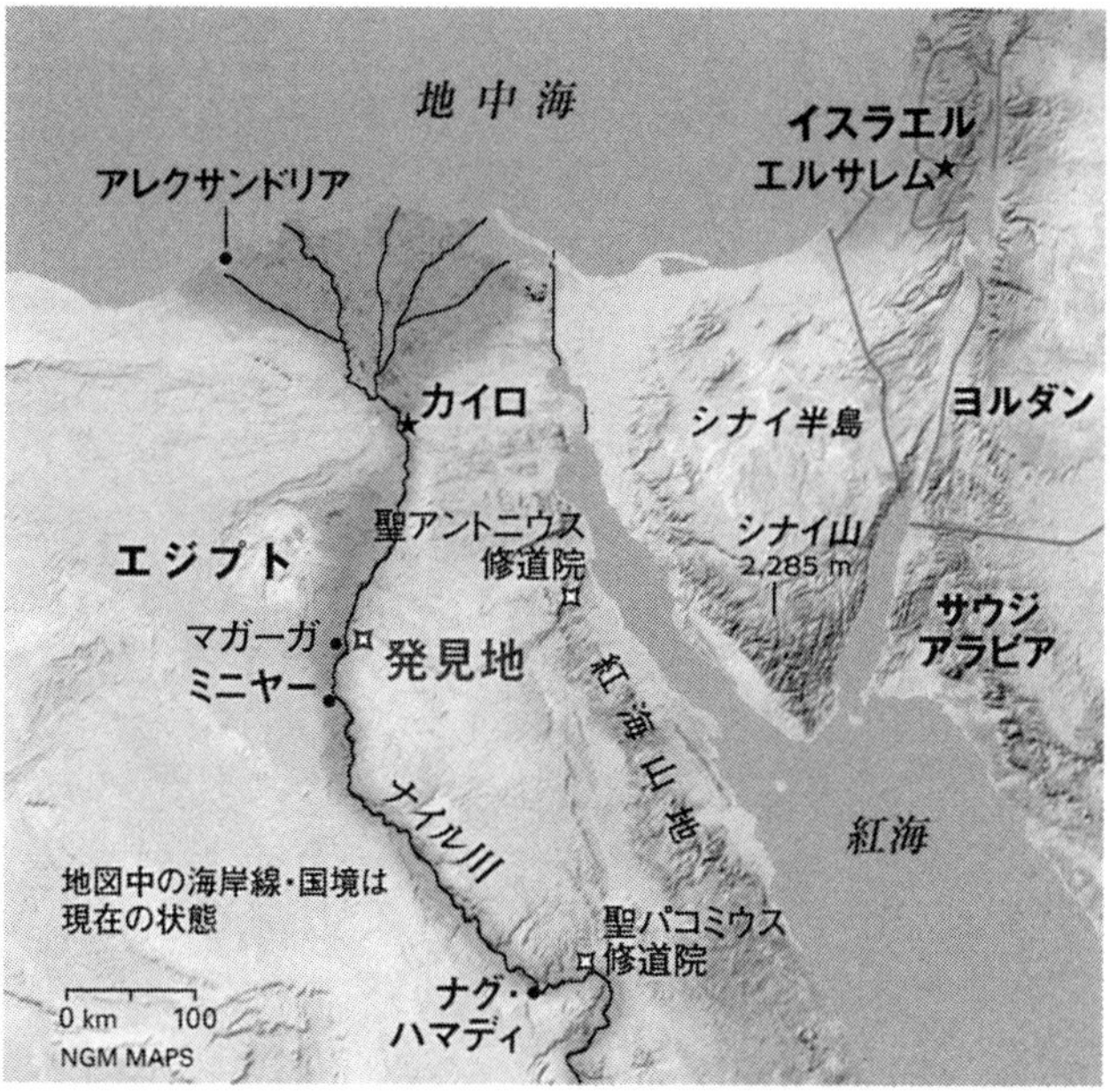

〔図Ⅰ〕1970年代、『ユダの福音書』が見つかったとされる場所。カイロの南約175キロ、エジプト中部の町マガーガ（ミニヤー県最北の町）、その対岸であるナイル東岸の古代の墓地。

に送ったペトロの手紙』
一〇～三二頁　『ヤコブの黙示録』
三三～五八頁　『ユダの福音書』
五九～六六頁　『アロゲネースの書』

『ユダの福音書』の末尾に記されたタイトル「ユダの福音書」のユダとは誰か、最初学者たちは

〔図Ⅱ〕『ユダの福音書』の写本を含む（33～58頁）、通称チャコス写本。その全体は33フォリオ（二つ折り、四頁分）、66頁。放射性炭素年代測定法に基づくと、220～340年の間の写本。

戸惑った。なぜなら聖書には何人かのユダが出てくる。『マタイによる福音書』一三章五五節には「この者（イエス）は大工の息子ではないのか。母親はマリアといい、兄弟はヤコブ、ヨセフ、シモン、ユダというのではないのか」とあり、一人はイエスの兄弟ユダである。あるいは『ルカによる福音書』六章一六節には「そしてヤコブの子ユダ、そしてイスカリオテのユダである。」と二人のユダが出てきて、後者のユダがイエスを引き渡す者となった、と説明している。福音書に登場する三人のユダのうちのどのユダなのか、研究者たちが『ユダの福音書』のユダが、イスカリオテのユダだと確認した時、それは想像を絶する驚きだった。すでに発見されていたグノーシス派の福音書から類推しても、まさかタイトルのユダがイスカリオテのユダだとは！　もちろん『ユダの福音書』のユダがイスカリオテのユダだとしても、彼がこの書を書いたということではない。この書が書かれる二世紀の中頃には当然イスカリオテのユダは亡くなっている。更に、「福音書」などに付けられる名称は、当時は必ずしも執筆者の名称ではなく、その書に権威を与えるため、多くは使徒らの名前をタイトルに使用した。『ユダの福音書』はコプト語のサイード方言で書かれ、ギリシャ語原典からの翻訳である。

すでに述べたように、『ユダの福音書』の存在は、一八〇年頃書かれたエイレナイオスの書物の中で言及され、その名前は知られていたが、千六百年から千七百年近く、エジプトの土の中に埋もれていたということだ。一九七〇年代に発掘された『ユダの福音書』がエイレナイオスが取り上げた『ユダの福音書』そのものであるかどうか後に詳しく検証する。発掘された『ユダの福音書』のコプト語からの翻訳に携わったグレゴール・ウルスト（ドイツ・アウクスブルク大学教授）の論文、「リヨンのエイレナイオスと『ユダの福音書』」の中でも、両者の比較に触れている。『ユダの福音書』の年代は、先に述べた放射性炭素測定法でかなり正確に割り出すことができ、A・J・ティモシー・ジャルは三世紀中頃から四世紀初頭の可能性を引き出したが、書体学の観点から四世紀ないし五世紀初頭の説を唱える学者もいる。

ナイル川流域、ミニヤー県のマガーガで発見された『ユダの福音書』の写本（図Ⅱ参照）は、その時点ですでにはなはだしく劣化していたのだが、見つかってからもなお、十五年以上に亘り、さまざまな経緯で、例えば金儲けを企む古美術商や、手柄を狙う学者らの野望によってぞんざいに扱われ、一時スイスやアメリカの銀行の貸金庫に眠る時期もあった。

劣化に劣化を重ねた末、発見から二五年を過ぎて、スイスの古文書修復専門家フロランス・ダルブルの工房で、ようやく修復作業が始まる。「チャコス写本」の名称となった、スイスの古美術商フリーダ・ヌスバーガー・チャコスや米国の古代キリスト教学者バート・D・アーマン、コプト学者スティーブン・エメル、先に挙げた炭素の放射性同位元素による年代測定の専門家A・J・ティモシー・ジャル等の協力により、今日の姿に整えられた。ぼろぼろに劣化した『ユダの福音書』が、我々の読める形に修復される過程で、この二人のスイス人女性の貢献は大きい。

なお「チャコス写本」という名称は、貢献した古美術商のスイス人女性から取ったものだが、ナグ・ハマディという町の名から「ナグ・ハマディ写本」と呼ばれるように、『ユダの福音書』が発見されたマガーガという地名を取って「マガーガ写本」と呼ぶことも可能であろう。事実、「マガーガ・グノーシス主義写本」と称する学者（J・ファン・デル・フリート）もいる。

3　グノーシス主義キリスト教と正統派キリスト教

正典福音書（マルコ・マタイ・ルカ・ヨハネ）のどこにも、言語としてずばり「裏切り者」のユダとも、ユダがイエスを「裏切った」とも、原文のギリシャ語では書かれていないことはすでに確かめた。各福音記者は、ユダの一連の動きを裏切り行為と解釈したとしても、不思議なことに使用されたギリシャ語はすべてπαρα-δίδωμιであり、その意味は「裏切る」ではなく「引き渡す」であり、引き渡す行為は、必ずしも裏切る行為と直結しないこともすでに述べた。すなわち、引き渡す行為の背後に、裏切りとは別の動機が隠されているかもしれない。まさにその別の動機を語っているのが、これから述べる『ユダの福音書』である。

その内容に言及する前に、押さえておかねばならない事は、『ユダの福音書』はグノーシス思想を土台にして書かれた書物であるということだ。エジプト中部の町マガーガ近郊のナイル川流域で発見された一冊の写本において、『ユダの福音書』の前後に置かれた、『フィリポに送ったペトロの手紙』も『ヤコブの黙示録』も『アロゲネースの書』もすべてグノーシス主義の文書であり、それらに挟まれた『ユダの福音書』は、形式的にも内容的にも当然それらと接点を有するグノーシス・キリスト教の文書である。

グノーシスという「思想」が「史実」に先行する以上、書かれた内容は歴史的史実からはみ出している可能性がある。「思想」に合わせて「史実」が改ざんされる訳だが、『ユダの福音書』の場合、後に指摘するように、著者は『ユダの福音書』以前に書かれていた正典福音書の内容を踏まえた上で書いている故、そこに何らかの歴史的真実が宿っている可能性を全面的に否定することもできない。

『ユダの福音書』に描かれるイスカリオテのユダをより良く理解するため、まずはグノーシス主義の信仰について簡潔に述べておこう。一九四五年にナグ・ハマディにおいて、グノーシス派の文書が発見される以前は、我々の知り得る情報はキリスト教正統派の中心人物エイレナイオスの著作など、その当時のわずかの文献を通してであった。彼の著書『異端反駁』は一八〇年頃のものであるから、その頃のグノーシスの状況を知ることはできる。グノーシス派は単にキリスト教的グノーシス主義のみならず、さまざまな宗派があり極めて複雑であるが、ここでは、セツ派グノーシス主義が関わっていると考えられる『ユダの福音書』との関連で、キリスト教的文脈に限定して語ることにしよう。

グノーシスという言葉は、もともとギリシャ語 γνῶσις に由来し、「知識・認識」という意味である。すなわちグノーシス派の人々は、自分たちだけが「知っている」と自認している集団である。何を知っているのか？　それは「救い」に至る秘密を知っているのだ。世界について、神について、人間についての真理を、自分たちだけが認識していると思い込んでいる。その秘密の啓示を天からもたらす、その人物こそイエス・キリストであると理解している集団である。

グノーシス派にとっては、現実のこの世界は、真の棲家《すみか》でも終《つい》の棲家でもない。人間は、この世界の物質や肉体という、いわば牢獄に閉じ込められた状態にあり、そこから解放される方法を学ばねばならない。しかしいったいこのような思想は、どのような必然性から生まれたのだろう？　それは生きている現実のもろもろの「悪」に目を注ぐところから来ている。

現実世界を見つめる時、そこには地震、津波、暴風雨、洪水、飢饉、旱魃《かんばつ》など、次々に襲いかかってくる天災、あるいは突然多くの人に伝染し死者が続出する不可解な感染症、そして身の回りの貧困や暴力や嘘や苦痛、そうした現実を目の当たりにしながら、どうしてこの世はすばらしいなどと言えようか。グノーシス派はかくある現実に対し、こうした「悪」に満ちた世界を創造した神は、全知全能でもなければ唯一の神ではないと認定する。そして創造主の位置づけを、かなり程度の低い、神々のうちの劣位の神であり、宇宙創造は無知で悪辣な神による失敗作と考える。正統派のキリスト教徒が信じているような、万物を善きものとして創造した、唯一全能の「創世記」の神は、実は正反対の低次の神であり、グノーシス派はその名をサクラスと呼ぶ。

さらに、正統派キリスト教徒にとってグノーシス派が始末に負えないのは、誰もが世界の真実、神の真実、人間の真実を理解できるのではなく、また誰もが「悪」に満ちた世界から解放される訳でもなく、ごく一部の者のみ、グノーシス主義者のみと考える。現実世界を創った神々は、「神性の輝き」を閉じ込める場所としてこの世界を創り、しかもごく一部の人間の身体の中にのみ「神性の輝き」を封じ込めたと解釈する。秘密の真理を知る、グノーシス派の特定の人間のみがその身体の中心部分に「神性の輝き」を宿していると認識しているのだ。

グノーシス派にとっては、それ以外の人間は、まあいわば滓《かす》のような存在であり、死ねばそれで一巻の終わりである。しかし、キリスト教グノーシス派に属する特別の者は、そこで終わりではなく、イエス・キリストが授けてくれた、救いに至る秘密の啓示を学ぶことにより、その知識によって永遠の天の家に帰ることができるとする。もちろん、グノーシス派にとっては、イエス・キリストは旧約聖書の神の息子ではない。

そこから正統派の代表格エイレナイオスが『異端反駁』の中で、痛烈にグノーシス派を非難し、排斥した理由も頷《うなず》けるであろう。すなわち、キリスト教グノーシス派の主張は、使徒継承の正統派にとって、断じて看過できない余りにも危険極まりない思想であり信仰であったからだ。

ここでキリスト教正統派の立場から、グノーシス派の問題点を大雑把に述べておこう。

㈠グノーシス主義の福音書は、「イエスと弟子」との対話という、いわばグノーシス的対話という文学ジャンルに属しているが、正典福音書は、イエスの言葉や出来事の記録と共に、イエスの生涯を物語る形式を取っており、同じ福音書という名称を与えられていても、両者の文学ジャンルは大きく異なる。

㈡グノーシス主義の福音書は、早いもので二世紀前半に書かれるが、正典福音書（マルコ・マタイ・ルカ・ヨハネ）は更に古く、イエスの死後最も早く一世紀に書かれた四つの福音書であり、「史的イエス」や「史的ユダ」、すなわち生身のイエスやユダの歴史的実像を知るためには、正典福音書の方がグノーシス主義の福音書より、はるかに信頼に値する。

㈢グノーシス主義の根本に、この世を「悪」と把握し、そこから宇宙万物の「創造主」を悪玉とみなす。世界の創造は神々の中の下級にして劣悪な神の仕業であり、失敗作と認定する。一方、ユダヤ教やキリスト教やイスラム教は、「創造主」を唯一絶対、全知全能の神として礼拝する。
㈣グノーシス主義におけるイエスは、グノーシス各派において差異があるが、一つの捉え方は、天的キリストが人間イエスと洗礼時に合体し、イエスが十字架上で死ぬ前に離脱したとする「仮現説」である。この派によると、イエスが十字架上で「わが神、わが神、どうして私をお見捨てになったのか」と叫んだ理由は、まさにここにあるとする。神は苦しまないし死なないと理解し、それ故イエスの中の「神性」は、イエスが十字架上で死ぬ直前に離脱したと考える。ここで仮現説（ドケティズム）という用語は、「〜と見える」（ドケイン）という意味のギリシャ語に由来し、イエスは「見かけ上」苦しんだに過ぎないと考える。

他の派の捉えかたとして、イエス・キリストは天から遣わされた使者であり、生身の人間ではなく、その肉体は幻に過ぎず、身体の内に「神性」を宿したグノーシス主義者たちに救済に至る秘密の真理を教えるためにやって来たと理解する。要するにイエスは、肉体の姿をまとった幻である。この派もまた、イエスの「真生の肉体」や「真の受難」を認めないドケチストである。

このようなイエス理解が生まれてくる必然性はどこから生じるのか？　その一つとして、イエスの死後一〇〇年以上の年月が流れると、生前のイエスと共に生活した人は誰もいなくなる。そうすると、イエスは神であると信ずる一方で、イエスが生身の人間、まことの人間であったという事実は、実存的に抜け落ちてゆくところから生まれてくる。

それに対し、正統派のキリスト教はイエス・キリストの捉え方を異にする。すなわち、父と子と聖霊（父も神、子も神、聖霊も神）の永遠無限の交わりである神のいのちにおいて、子なるロゴス（み言葉）がマリアを通して人間となる、それがイエス・キリストである。そのイエスは、我々と同じ肉体を持ち、我々と同じように苦しみ、悲しみ、喜び、怒り、その生涯の果てに十字架上で殺害される。苦しんでいる人、悲しんでいる人、社会から差別され排除された人、身体的に不自由な人たちが、普通の生活ができるように、人間として当然正しいことを正しいこととして生涯を生き抜き、その果てにその当時の権力者たちによって殺害される。そのイエスの全生涯を、父なる神は「よし」とし、イエスをからだごと復活させる。これが、正当派のイエス・キリストの理解である。

しかし、グノーシスにおいては、イエスのからだは「仮現説」のからだ、幻のようなからだであり、十字架上で苦しむこともなく、それ故、正統派にとって最も重要な、イエスの「死と復活」も意味を持たない。

以上のようなグノーシス思想に関する問題点を踏まえながら、具体的に『ユダの福音書』の中のイスカリオテのユダを検討していこう。

4　『ユダの福音書』の中のイスカリオテのユダ

ナイル川流域で発見された「チャコス写本（マガーガ写本）」の全六六頁中、『ユダの福音書』の部分は、三三〜五八頁であることはすでに述べた。以下【　】にその頁を示す。使用する翻訳は、発見された『ユダの福音書』に直接初期に関わった、スイスのコプト学者ルドルフ・カッセル、グノーシス主義及びナグ・ハマディ文書に関する権威マービン・マイヤー、教会史や教父学を専門とするグレゴール・ウルストらによる、コプト語からの英訳『原典・ユダの福音書』の、日経ナショナル・ジオグラフィック社日本語訳を用いる。

以下、イスカリオテのユダが登場する場面及び第二章で扱う□で囲んだ「イエスの笑い」が登場する四カ所に限定し、イエスの受難に際してのユダの働きに注目してみてゆこう。

序【33】

イエスが週の間、過越の祭りを祝う三日前に、イスカリオテのユダとの対話で語った、秘密の啓示の話。

『ユダの福音書』には、最初に以上の長いタイトルが置かれ、最後に短いタイトルとして「ユダの福音書」が明記されている。は筆者によるが、イエスが「秘密」を明かし、それを理解するのは、イエスの教えに耳を傾ける群衆ではなく、すべての弟子たちでもなく、グノーシス主義者だけであり、ここでは唯一人、なんとイスカリオテのユダだけである。

イエスは地上に現れたとき、人々の救いのため、奇跡と大いなる不思議な業《わざ》を行った。そしてある者は正しい道を［歩み］、ある者は罪の道を歩んでいたので、十二人の弟子たちが呼び寄せられた。

イエスは弟子たちと、この世を超えた神秘について、また終わりに起こることについて話し始めた。しばしばイエスはそのままの姿で弟子たちの前には現れず、一人の子供として弟子たちの中にいた。

場面Ⅰ　イエス、弟子たちと論じ合う。感謝の祈り、あるいは聖餐式

ある日、イエスは弟子たちとともにユダヤにいて、見ると、弟子たちが集まって信仰深く儀式を行っていた。集まって座り、パンに感謝の祈りを唱えている弟子たちに［近づく］と、【34】［イエスは］笑った。

弟子たちは［イエス］に言った。「先生、なぜ［私たちの］感謝の祈りを笑っておられるのですか。私たちは正しきことを行っていたのですが」

イエスは彼らに答えて言った。「私はあなたがたを笑っているのではない。〈あなたがたは〉自分たちの意志でそうしているのではなく、そうすることによって、あなたがたの神が賛美される［だろう］からそうしているのだ」

［　］は、写本インクが消えたり、パピルスが失われたりしてできた不明部分のうち、先に挙げた英訳者が推定して復元した読みであり、〈　〉は原文の誤りを正した部分である。また、場

面Ⅰなどの説明文は、原文にはないが、読者のテキスト理解を明確化するため、翻訳者らが加えた部分である。なお傍線は、本書のテーマである「笑い」に焦点を当て、筆者が付したものである。ここに出てくる笑いが、四度の笑いのうちの第一番目の笑いであり、この笑いこそ最も意味深長な笑いである。

彼らは言った。「先生、あなたは［……］われわれの神の子です」

イエスは言った。「あなたがたにどうして私がわかるのか。本当に、［私は］あなたがたに言う。あなたがたの内にある人々のどの世代にも、私がわからないだろう」

［……］は一部しか判読できなかった単語の不明部分を示している。『ユダの福音書』など、セツ派の文書においては〈人間の諸世代〉は〈あの世代〉と区別されている。セツの大いなる世代である、グノーシス派の〈あの世代〉のみが、イエスの真の本性を知っている。セツとは、アダムとイブ（エバ）の第三子であるセツに由来する。創世記四章二五～二六節や五章三～八節に登場するが、セツは殺された第二子アベルと殺した第一子カインとの代わりの位置を占め、このセツからノアを経て全人類にと繋がってゆく。先に挙げたエイレナイオスの著作には、『ユダの福音書』も含め、反駁した数多くのグノーシス派はカイン派として記述されている。カイン派が実際に存在していたかどうかは定かではない。

これを聞いて、弟子たちは腹を立て、怒りだし、心の中でイエスをののしり始めた。彼らが［理解］していないのを見ると、［イエスは］彼らに［言った］。「なぜ、この興奮が怒りに変わったのか。あなたがたの神があなたがたの内にいて、［……］【35】があなたがたに心魂の［中で］腹を立てさせたのだ。あなたがたの内にいる、［勇気のある］完全なる人を取り出して、私の眼前に立たせなさい」

彼らは口を揃えて言った。「私たちにはそれだけの勇気があります」

しかし彼らの霊は、イスカリオテのユダを除いて、［イエスの］前に立つだけの勇気がなかった。ユダはイエスの前に立つことができたが、イエスの目を見ることができず、顔をそむけた。

実際にイエスの前に立ったのはユダだけであった。しかしユダでさえイエスが明かそうとする真実を理解するには十分ではなく、イエスを直視できなかった。

ユダはイエスに［言った］。「あなたが誰か、どこから来たのかを私は知っています。あなたは不死の王国バルベーローからやって来ました。私にはあなたを遣わした方の名前を口に出すだけの価値がありません」

ユダ一人、イエスの正体を認知しており、どこから来られたお方かを知っていた。セツ派グノーシス主義において、バルベーローとは、真の神が統治する完全なる王国に住む、三者から成る至高の神格の、生産的側面を体現する女性的な存在である。イエスはその不死の王国バルベーローから来られたのであって、劣位の神が創造したこの世界の者ではないとユダは主張する。

　ユダが何か崇高なことについて考えているのを知って、イエスは彼に言った。「ほかの者から離れなさい。そうすれば、王国の秘密を授けよう。お前はそこに達することはできるが、大いに嘆くことになるだろう。【36】十二［の使徒］がふたたび全員揃って神とともにあるために、誰かほかの者がお前に取って代わるからだ」

　ユダはイエスに言った。「そういったことについて、あなたはいつ私に教えてくれるのですか。そして偉大なる光の日があの世代のために明ける［のはいつな］のですか」

　しかし、ユダがこう話すと、イエスは離れて行った。

イエスは、ユダだけがイエスが誰かを感じ取っているのを察知し、無知な他の使徒からユダを離して神の王国の神秘を教え始める。イエスはユダに、お前が真の王国に達する過程で、お前はいずれ十二使徒から外され、代わりの者が選ばれるだろうと告げる。まさに使徒行伝一章一六〜二六節に符号する。ユダに代わり、十一人の使徒はマティアを選び、十二という数を充足させる。

場面Ⅱ　イエス、再び弟子たちの前に現れる

このことがあった翌朝、イエスはふたたび弟子たちの前に［現れた］。彼らはイエスに言った。「先生、私たちと別れてどこへ行き、何をしておられたのですか」イエスは彼らに言った。「私はここではない、別の大いなる、聖なる世代のところへ行っていた」弟子たちはイエスに言った。「主よ、今はこれらの国にいない、私たちより優れ、私たちより聖なる大いなる世代とは何ですか」

イエスはこれを聞いて、笑って言った。

「なぜあなたがたは心の中で、力ある聖なる世代のことを考えているのか。【37】本当に、［私は］あなたがたに言う。このアイオーンに生まれて、あの［世代］を見る者はいないだろう。星々の天使の軍勢もあの世代を支配することはなく、死を免れない生まれの人が、あの世代と交際することもない。（以下略）」

ここに二度目のイエスの笑いが登場する。『ユダの福音書』の中の四度の笑いにおける二回目の笑いである。以下『ユダの福音書』は、【38】【39】で、弟子たちの見た幻が語られ、【40】【41】【42】【43】で、イエスが神殿の幻の隠された意味を説き明かす。劣化に劣化を重ねて復元された『ユダの福音書』の諸事情についてはすでに述べたが、それゆえ欠落部分が多いのは致し方ないところである。【43】頁の後半で、再びユダが登場し、ユダがイエスに「あの世代」と「人間の諸世代」について尋ねる。

ユダは［イエスに］言った。「［ラ］ビ、あの世代はどのような実りをもたらすのですか」

イエスは言った。「あらゆる人間の世代の魂は死ぬ。しかし、これらの人々は、地上の時を終え、霊がその人たちから去る時、肉体が死ぬのであって、その魂は死なず、天へと引き上げられる」

ユダは言った。「では、ほかの人間の世代はどうなるのでしょうか」

イエスは言った。【44】「［岩］に蒔いた種から、実りを収穫することはできない。［汚れた］世代もまた［この］ようであり［……］以下省略……」

こう言うと、イエスは離れていった。

ここに出てくる岩に蒔いた種の話は、新約聖書のマルコ四章一～二〇節、マタイ一三章一～二三節、ルカ八章四～一五節、あるいは新約外典の『トマスの福音書』九の「種を蒔く人」のたとえに類似し、それらは「岩の上に蒔かれた種は根がないので実を結ばない」とされる。すなわち、「あの世代（種族）」以外の「人間の諸世代」は、結局実を結ぶことはない、というグノーシス思想に基づく。

さて、場面Ⅲにおいて、ユダがイエスに自分が見た幻について語り、イエスがそれに答える。

ユダは言った。「先生、あなたは皆の話をお聞きになりましたが、今度は私の話を聞いてください。私は大いなる幻を見たのです」

イエスはこれを聞くと、笑って彼に言った。「十三番目の精霊であるお前が、なぜそんなに躍起《やっき》になるのか。だが、話してみなさい。私はお前の話を信じるでしょう」

ユダはイエスに言った。「私は幻の中で、あの十二人の弟子たちが私に石を投げて、【45】「私のことをひどく」虐《しいた》げるのをみました。


ここにイエスの三度目の笑いが登場する。注目すべきは「十三番目の精霊（霊）」の十三という数である。「十二」という数字は、『ユダの福音書』の著者が非常に重視している事柄であり、それは十二使徒の十二であると共に、いわば使徒伝承の正統派教会の象徴である。後に詳述するが、『ユダの福音書』の著者は、まさに当時の主流を占める正統派キリスト教徒たちと対立意識の中で書いている。その「十二」に対し、『ユダの福音書』における「十三」は優位を占めている。ユダはその十三番目の霊であるが、新約聖書に示されるごとく、十二人の使徒集団からは排除された。グノーシスの世界では、ユダの真実の本性は霊である。

ユダの幻は、十二使徒が石を投げて自分を迫害するすさまじい光景に続き、大いなる人で溢れる素晴らしい家を見る。そしてイエスに「先生、私を連れて行って、あの人々の中に加えてください」と願う。それに対しイエスは、どのような人々がその王国に入ることができるかを述べる。

続いてユダは、自らの運命について尋ね、イエスがそれに答える。

イエスは答えて言った。「お前は十三番目となり、のちの世代の非難の的となり、そして彼らの上に君臨するだろう。最後の日々には、聖なる［世代］のもとに引き上げられるお前を彼らは罵ることとだろう【47】」

「のちの世代の非難の的となり」は、すでに正典福音書で見た通りである。イスカリオテのユダへの非難は、正典福音書のみならず、多くの書物や芸術や、今日に至るまでの現実の歴史が語るところである。

『ユダの福音書』はこの後、世界と人間の起源についての神話が、イエスの口を通して語られる。そして四度目のイエスの笑いが登場するが、笑う直前のイエスの言葉は欠落部分が多く再現は困難である。四度目の笑いは以下の如し。

> その後、イエスは［笑った］。
> ［ユダは言った。］「先生、［なぜ、私たちを笑っておられるのですか］」
> ［イエスは］答えて［言った］。「私は［お前を］笑ったのではなく、星々の過ちを笑ったのだ。この六つの星々はこの五人の闘士たちとともにさまよい、そのすべてが、そこに生きる生き物たちとともに滅ぼされてしまうからである」

さていよいよ『ユダの福音書』のクライマックスに差し掛かる。終りに近い【56】頁である。

すなわちイスカリオテのユダの使命、この世におけるユダの役割が、イエスによって明らかにされる決定的な箇所である。注目の言葉の前の部分は欠落箇所が多く、解読困難であるゆえ割愛する。

「だがお前は真の私を包むこの肉体を犠牲とし、すべての弟子たちを超える存在になるだろう。……」

真の私、イエスの真実の霊なる私を覆っている肉体。その肉体の部分を犠牲にささげる、すなわち無益な肉体を死滅させる役割を、イエスはユダに命じている。イエス自らが、自分の身を権力者に引き渡すよう、指示しているのだ。ここには全くユダの裏切り行為は存在していない。イエスの死は、ユダの働きにより、真実の内なる霊的存在へと解放し変貌せしめられるのである。イエスの言葉は次のように続く。

すでにお前の角《つの》はたちあがり
お前の憤りは燃え上がり
お前の星は明るく輝き
お前の心は［……］」【57】

ユダへのイエスの言葉は以下のような言葉で結ばれる。

「さあ、これでお前にはすべてを語ったことになる。目を上げ、雲とその中の光、それを囲む星々を見なさい。皆を導くあの星が、お前の星だ」

ユダの星は、すべての弟子たちの星を越える優れた希望の星となった。なぜなら、ユダがイエスを権力者たちに引き渡すことによって、イエスを死すべき肉体から解放し、永遠の家に帰ることを可能にしたからだ。くり返して言おう。『ユダの福音書』においては、イスカリオテのユダは、決してイエスを裏切ったのではなく、官憲に引き渡すことによって、イエスの根底の願いを実現させた人物となる。

『ユダの福音書』の結び、すなわち【58】頁は、以下の形で終わる。

［……］大祭司は不平を言った。［彼］が部屋に入って祈りをささげていたからである。しかし、何人かの律法学者たちはそこにいて、祈りの間に彼を捕えようと注意深く見張っていた。彼が皆から預言者とみなされ、彼らは民衆を恐れていたからである。

彼らはユダに近づいて、言った。「お前はここで何をしているのか。お前はイエスの弟子ではないか」。ユダは彼らの望むままに答えた。そしていくらかの金を受け取り、彼を彼らに引き渡した。

『ユダの福音書』においても、正典福音書と同様、「裏切った」という言語ではなく、「引き渡した」が使用されている。それは当然であり、『ユダの福音書』においては、ユダはイエスを裏切ったどころか、イエス自身が望む最良の行為をしたのだから。

最後の引き渡しの場面は、正典福音書とはその場所が異なる。例えば、正典福音書では、イエスが祈っていたのは屋外のゲッセマネの園であったが、『ユダの福音書』のイエスは室内であり、正典福音書で最後の晩餐が行われた部屋を示す語と同じ「部屋」（ギリシャ語に由来するコプト語**kataluma**）という言葉が使われている。

同じ点は、イエスの逮捕を密かに目論んでいるのは律法学者やユダヤの長老たちである。なぜなら、イエスは民衆から預言者だと思われていたので、権力者たちは民衆を恐れていたからである。ユダは長老たちにイエスを引き渡し、その報酬として金を受け取るのも、正典福音書と同じである。

正典福音書と大きく異なるのは、『ユダの福音書』はこの場面で終わる点である。この「引き渡し」こそが『ユダの福音書』にとってはクライマックスなのだ。それに続く受難物語もイエスの磔刑の具体的な記述も『ユダの福音書』にはない。グノーシス的福音書にとっては、イエスの「死と復活」は重要事項ではなく、イエスが輝く天の王国に帰ることを可能にするため、イエスの死すべき肉体を解放させた、ユダによる死への「引き渡し」の行為こそが重要なのだ。

『ユダの福音書』の最後に、この書の最初に示された長いタイトル「イエスが週の間、過越の祭りを祝う三日前に、イスカリオテのユダとの対話で語った、秘密の啓示の話」とは別に、短いタイトルとして「ユダの福音書」が明記されている。興味深いことは、正典福音書のタイトル、例えば「マルコによる福音書」のように、「〜による（kata）福音書」ではなく、「ユダの（en）福音書」となっている点である。これは何を意味するのであろうか。まさにイスカリオテのユダこそが福音（良い知らせ）だと告げている響きである。当時の正統派教会が、正典福音書が語るように、イエスをスケープゴート（集団内の不平や憎悪を他にそらすため、一人、罪や責任をかぶせられ迫害される人）、すなわち「身代わりの子羊」と解釈していったのに対し、イスカリオテのユダに対しては「裏切り者」のレッテルを貼った。その正統派教会に、まるで『ユダの福音書』は反旗を翻しているかのようだ。イスカリオテのユダこそが、イエスが信頼した唯一の弟子であって、ユダがイエスを「引き渡した」行為は、「裏切り」とは正反対のイエス自らが望んだ最良の行為であり、だからこそこの書のタイトルは「ユダによる福音書」ではなく、『ユダの福音書』なのだと、ユダの前に付された前置詞が示唆している。

第二章

イエスを四度笑わせた『ユダの福音書』

1　『ユダの福音書』の中の四度の笑い

すでに第一章において、『ユダの福音書』の中の四度の笑いの、コプト語からの英訳の日経ナショナル・ジオグラフィック社による日本語訳(a)を□で囲んで示したが、微妙に異なる、コプト語からの戸田聡訳(b)を『解読　ユダの福音書』(J・ファン・デル・フリート著)から示しておこう。

①第一の笑い

(b)訳

ある日彼はユダヤで、自分の弟子たちのところへ行き、彼らが一緒に座して神性のために鍛錬しているのを見た。自分の弟子たちが一緒に座し、パンに関して感謝の祈りをしているところに［出くわした］時、彼は笑った。弟子たちは彼に言った、「先生、なぜ私たちの感謝の祈りをお笑いになるのですか。私たちがしているのは正しいことではありませんか」。彼は答え、彼らに言った、「私はあなたがたのことを笑っているのではなく、また、あなたがたはこのことを自分の意志でしているのでもありません。むしろこのことによって、あなたがたの神が賛美を受けるでしょう。

②第二の笑い

(b)訳

朝になると、彼は自分の弟子たちに［現れ］た。彼らは彼に言った、「先生、私たちのもとから退いた後、どこへ行かれたのですか、何をしておられるのですか」。イエスは彼らに言った、「私は偉大にして聖なる別の世代のところへ行ったのです」。彼の弟子たちは彼に言った、「主よ、私たちより高い、また聖にして今はこれらアイオーンの中にいない、その大いなる世代とはどのようなものなのですか」。

するとイエスは、これを聞いて笑った。彼は彼らに言った、「あなたがたはなぜ、聖にして強いその世代について心の中で考えているのですか。まことにあなたがたに言いますが、このアイオーンのいかなる生成物も、その［世代］を見ることはなく、また星々の天使のいかなる軍勢も、その世代を支配することはないでしょう。また、死すべきいかなる人間も、その世代と共に行くことはできないでしょう、……」。

③第三の笑い

(b)訳

ユダは言った、「先生、彼ら皆の話をお聞きになったように、私の話も聞いてください。というのも、大きな幻を私は見たものですから」。イエスは聞いて笑った。彼は彼に言った、「なぜあなたは鍛錬するのですか、十三番目の悪霊よ。しかしあなたも言いなさい。私はあなたを支えましょう」。ユダは彼に言った、「私は幻の中で見ましたが、十二弟子が私に石を投げ、私を激しく追いかけています。……」。

④第四の笑い

(b)訳

その後イエスは笑った。ユダは言った、「先生、[……]」。[イエスは]答えて[言った]、「私はあなたがたのことを笑っているのではなく、星々の誤りを笑っているのです。というのも、この六つの星は五人の戦士とともに誤り惑っており、そしてこれらすべては自分たちの被造物とともに滅びるだろうからです」。

以上、イエスの笑いが登場する『ユダの福音書』の四つの場面について、コプト語からの二つの日本語訳(a)と(b)を示した。ここで、第一から第四の笑いについて、簡潔に説明しておこう。そして、特に重要な、第一の笑いについて、次の項目で詳述してゆこう。

第一の笑いは、端的に言うとエウカリスチア（εὐχαριστία ギリシャ語で「感謝の祭儀」、後にカトリックでは「ミサ」と呼ばれる）に対する笑いである。『ユダの福音書』の冒頭で、「信仰の儀式」（コプト語の直訳では「信仰の訓練」）を弟子たちがしており、パンに感謝の祈りを唱え、食事を分け合い、食べ物を与えてくださった創造主に感謝を献げている。その創造主をグノーシス派はサクラスと呼ぶ。ところで『ユダの福音書』におけるイエスの神は、この世の創造主ではない。一方旧約聖書の神、すなわちユダヤ教も正統派キリスト教も万物の造り主こそが神である。だからグノーシス派のイエス、すなわち『ユダの福音書』のイエスは笑っているのだ。劣位の神に過ぎない創造主なるサクラスを、今弟子たちは賛美している。その姿を、グノーシス・キリスト教のイエスは笑っているのだ。正統派キリスト教にとって最も重要な儀式であるエウカリスチアを嘲笑している。これは形成され、拡大しつつある正統派キリスト教会にとって、断固として看過できない事態である。その事柄については、次の項目で改めて述べよう。

第二の笑いは、第一の笑いのように弟子たちが悪玉にすぎない創造主（サクラス）を礼拝しているからではない。弟子たちがイエスの出自に関し無知であるが故の笑いである。神の王国（バルベーロー）についての、弟子たちの知識の欠如を笑っているのだ。真の王国、この世界を超越した、永遠に輝く完全無欠の王国に到るのは、この物質世界、この肉体から解放された、肉体の内に神性の輝きを有するグノーシス派の者のみである。そしてこの真の王国を知り尽くしているのは、そこから来てそこに帰ってゆく、イエスのみである。そのイエスの出自、真の王国（バルベーロー）からの到来を知っていたのが、十二使徒の中でユダのみであった。ユダのみが、イエスが何処から来て何処へ帰ってゆくかを知っている。ユダの使命はまさにそのイエスを汚臭漂うこの地上から天の家に帰すことである。そのためには、生身の肉体（その肉体はグノーシス派の肉体で、『ユダの福音書』の始めの部分に登場する「一人の子供」にも変容しうる肉体）を持って人間の姿で現れたイエスを権力者に引き渡し、処刑させることが必要である。ユダの使命はイエスの望みと一致していた。だからこそ『ユダの福音書』におけるユダは、イエスにとって最も信頼に値する弟子として描かれるのだ。

要するに、二番目の笑いは、イエスの出自に関わる、グノーシス派の真の王国（バルベーロー）についての、ユダを除く弟子たちの無知に対するイエスの笑いである。

ここまで読み進んだ読者は、『ユダの福音書』に登場するユダやイエスは、史的ユダ、史的イエス（歴史の中で本当に生きたユダやイエス）とは遠く隔たっていると感じるであろう。しかし、『ユダの福音書』は、当時すでに書かれていた正典福音書（マルコ・マタイ・ルカ・ヨハネ）を手元に置き、それを前提にして書いている故、正典福音書に描かれている限りの歴史的史実も、所々に垣間見えるのである。

さて、残り三番目と四番目の笑いを整理しておこう。第三番目の笑いは、以下の文脈の中で登場する。

イエスの呼び出しに対し、弟子の中でユダのみ、勇気をもってイエスの前に立つ。しかしイエスの顔をじかに見ることはできず、ユダは自分の顔を後ろにそむける。そのようなユダであるが、他の弟子たちと同様、大きな幻を見る。その大いなる幻について、ユダは自信に満ちてイエスに語りたがる。ユダの高揚を前にして、イエスは第三番目の笑いを発する。笑いの直後のイエスの言葉は以下のように続く。

(a)訳では、「十三番目の精霊であるお前が、なぜそんなに躍起になるのか。」

ユダが十三番目と呼ばれているのは、ユダが十二人の使徒集団から排除されたためだが、ユダの代わりに、くじによってマティアが選ばれる件《くだり》は、すでに述べたように新約聖書の『使徒行録』一章二〇節から二六節に記されている。この事実を『ユダの福音書』は踏まえながら書いているのだが、『ユダの福音書』において、十三番目は十二使徒を凌駕《りょうが》する。この事は、この福音書において重要な意味を持つ故、『ユダの福音書』の著者が十二と十三に込める思いは後述する。

さて同じ箇所が(b)訳では、「なぜあなたは鍛錬するのですか、十三番目の悪霊よ」となっており、その訳の差異に驚く。

(a)訳で「精霊」、(b)訳で「悪霊」となっている箇所に関し、ここで「霊」はギリシャ語起源のコプト語であり、ギリシャ語のダイモーン(δαίμων)は(a)訳も(b)訳も可能ではある。グノーシス文書である『ユダの福音書』においては、ユダの真実な本性は霊的なものであるから、イエスはこう呼んだのであるが、どちらの訳にせよ、ユダへの愛情を込めてよびかけていることは間違いないだろう。なぜなら、それに続く言葉は、(a)訳では「だが、話してみなさい。私はお前の話を信じるでしょう」であり、(b)訳では「しかしあなたも言いなさい。私はあなたを支えましょう」となっている。ここには正典福音書のイエスが、おっちょこちょいのペトロを、時に叱りながらも(マルコ八の三三では「サタンよ、退け」と叱りつけている)一番弟子として大事に見守る姿と同じ、ユダへの暖かい眼差しを感じ取ることができる。

ではなぜイエスは笑ったのだろう。この三番目の笑いは、(a)訳と(b)訳が大きく異なるように、この笑いの中に包まれる意味を把握するのは難解である。

「十三番目の精霊」あるいは「十三番目の悪霊よ」と呼びかける直前の文章は「イエスはこれを聞くと、笑って」ユダに言うのだが、「これ」とは何を指すのか。それは、ユダが「先生、あなたは皆の話をお聞きになりましたが、今度は私の話を聞いてください。私は大いなる幻を見たのです」という言葉を聞いて笑ったのである。ユダがこの言葉を語る直前の内容は、ユダ以外の弟子たちがエルサレムにあるユダヤ教の神殿についての幻を見たことをイエスに告げ、それに対しイエスが神殿の幻の中に隠された意味を説明する。その後ユダがイエスの説明の中に出て来る悪に満ちた「人間の諸世代」と、それとは異なる「あの世代」についてイエスに尋ねる。それに対し、岩に蒔かれた種から実りを収穫することができないように確実に滅びゆく運命にある「人間の諸世代」と、永遠の御国である「あの世代」についてユダに答え、一度イエスはそこから離れてゆく。

以上のような脈略の中で、ユダはイエスに、自分以外の弟子たちの幻の話を聞くだけでなく、今度は自分が見た大いなる幻について聞いて欲しいとせがみ、そこでイエスは笑っている。どうして笑ったのか。

一つの可能性は、他の弟子たちに負けまいとして語りたがるユダの熱狂ぶりをイエスが面白がった笑いである。ここには、滅びゆく「人間の諸世代」に属する他の弟子たちと異なり、今は不完全ではあるが永遠に輝く「あの世代」に属するユダへの共感を伴った、いわば歓喜の笑いがある。だからこそ、好意に満ちて(a)訳のように「十三番目の精霊であるユダよ」と語りかけたのである。

しかし、もう一つの可能性もある。それは他の多くのグノーシス文書に見られる、この世の闇の勢力や物質世界に対する、イエスの絶対優位性、優越感からくる笑いである。

この三番目の笑いも、ユダの落ち着きのない熱狂的な態度を目の当たりにし、ユダがこれから語る無知、無理解を見抜いての、怒りを込めた笑いであった可能性が残る。ユダは夢中になって（a）訳では「躍起になって」）、幻について他の弟子たちに負けまいと議論する（b）訳では「鍛錬する」）かのように、話したがる態度に接し、「あの世代」すなわち永遠の真の王国やイエスの絶対優位性に対する無理解に対し、怒りを込めて笑ったのかもしれない。そこから(b)訳のように「十三番目の悪霊よ」と呼びかけた可能性が生まれる。

第四番目の笑いは『ユダの福音書』の最後の部分で登場する。前の部分に長大な欠落があり、意味不明な点も多いが、世界の終末についてイエスが語っている。ユダがグノーシス主義者ではない者の運命を尋ね、「まことにあなたがたに言いますが、それらすべての上に星々が成就するのです。そしてサクラスが、自分のために定められた時間を終えると、その第一の星が諸世代とともにやってきます。そして彼らは、語られたことを成就します。それから彼らは私の名によって不品行をし、自分たちの子を殺し、また［長大な欠落］私の名を［……］そしてあなたの星は十三番目のアイオーン（不死の王国）を支配するでしょう」（a）訳）と答える。劣位の神なるサクラスの時間の終結の後、第一の星の出現を以て始まるプロセスの最後に十三番目の星としてユダの星が支配する。

イエスの第四の笑いにはいかなる含みがあるのか。その考察のためには、直前の内容を検討せねばならない。直前の内容は、グノーシス派に属さない人間の死後の運命や、物質世界の終末的終焉に関するイエスの説明である。ここでユダは「なぜ、私たちを笑っておられるのですか」と尋ね、それに対しイエスが「私はお前を笑ったのではなく、星々の過ちを笑ったのだ。この六つの星々はこの五人の闘士たちとともにさまよい、そのすべてが、そこに生きる生き物たちとともに滅ぼされてしまうからである」と答える。イエスは他の箇所で弟子たちに対し、「あなたがたの各々には自分の星がある」と言い、ユダも有し、それが彼を「誤らせている」と述べている。『ユダの福音書』によれば、この地上においては、誰もが「星々の天使の軍勢」の支配下にある。

とすると第四の笑いは明らかに、他のグノーシス文書（『大いなるセツの第二の教え』（五三・三一～三四）や『ペトロの黙示録』（八二・二一～八三・四）など）にも確認されるように、グノーシス派特有のイエスの笑いである。すなわち、劣位の神サクラスによって創造されたこの世界、そこに存在するあまたの無知や邪悪、下界を支配する闇の支配者と、言語を絶する知られざる高次の神との無限の隔たり、そこから来るイエスの霊的優位性、その優越感がもたらす、いわばイエスの高処《たかみ》からの笑いである。

以上が『ユダの福音書』の中に登場する、イエスの四度の笑いである。それはまた、正典福音書には一度も登場しないイエスの笑いである。その笑いは、本書の目的である、史的イエスの笑いではない。それは明らかに、グノーシス思想の枠内で、人為的に「笑わされた」イエスの笑いである。しかしそれは無意味な笑いではなく、イエスの死後、百年、二百年、三百年の中で、歴史の闇の中に葬り去られた笑いである。そしてまた、それは正統派教会との論争の中で、事実ナイル川流域に埋没された笑いである。埋没から千六百年、千七百年の後、再び発見されたその笑いは、決して無意味ではなく、一世紀後半からすでに始まる、二世紀、三世紀に起こった論争の中で、消し去り難い価値が存在する笑いである。なぜなら、マルキオンの異端がきっかけとなって、正統派による聖書の正典化に拍車がかかったごとく、グノーシス派の異端との闘いや論争を通じて、正統派のドグマやキリスト教の真理も顕《あらわ》にされていったからである。真理とは静的な規則や規範の堆積物ではなく、動的な論争を通じて次第に明確になってゆくものであろう。『ユダの福音書』はエイレナイオスなど正統派にとっては到底容認できない書物であり、それ故、正統派によって瞬く間に埋没せしめられた書物である。しかし、こうしたグノーシス思想との論争を通じて、例えばイエスの神性と人性の問題も深められ、『ユダの福音書』におけるイエスの最初の笑いの対象である、正統派のエウカリスチアも、異端との闘いや論争の火の粉を被《かぶ》りながら次第に形成されていったものである。今日、不動の如く整理された「聖書」や「ミサ」や「教義（ドグマ）」の上にあぐらをかくのではなく、それらは長い長い歴史の中での学問的論争や宗教的格闘を通じての一つの実りであることを認識し、これからも尚、真理（ヴェリタス）探究への挑戦のため、少々醜い闘争や論争も決して恐れてはならない。

2　正統派教会のエウカリスチア（ミサ）を一撃した最初の笑い

㋑『ユダの福音書』の著者の標的

『ユダの福音書』における、イエスの三番目の笑いの箇所で、この福音書で「十三」は「十二」を凌駕すると述べ、この事は極めて重要故に後述を約束したが、まず本文において、イスカリオテのユダを十三番目と呼んでいる箇所に注目してみよう。全体を通じ、関連箇所は以下の三カ所である。

①「十三番目の精霊であるお前が、なぜそんなに躍起になるのか。だが、話してみなさい。私はお前の話を信じるでしょう」（a）訳）

②「お前は十三番目となり、のちの世代の非難の的となり、彼らの上に君臨するだろう。最後の日々には、聖なる世代のもとに引き上げられるお前を、彼らは罵ることだろう」（a）訳）

③「また（長大な欠落）……私の名を……そしてあなたの星は十三番目のアイオーンを支配するだろう」（b）訳）

一方、「十二」は『ユダの福音書』の中で繰り返し象徴的な数字として使用される。その最も顕著な象徴は、②の「彼ら」であり、当時の主流をなすキリスト教会の指導者である。すなわち、『ユダの福音書』の著者の立場から見れば、偽りの指導者である十二使徒である。つまり「十二」は、当時最も勢力を拡大しつつあるキリスト教正統派教会を指し示しており、多数派を占める正統派教会は、少数のグノーシス派エリート集団を隅に追いやっている。エイレナイオスやアレクサンドリアのクレメンスやオリゲネスなどの異端論駁者やその他の神学者の書物から、グノーシス主義者を異端として排斥する当時の状況を窺い知ることができる。

『ユダの福音書』のイエスは、「十二」よりも「十三」を上へと持ち挙げている。すなわちユダは、後に「十二」によって呪われ、排除される。しかし、終わりの日には、「十三番目」となって「十二」の上に立ち、「十三番目」のアイオーン（天使的・霊的存在）を支配することになる。

以上、「十二」と「十三」の『ユダの福音書』における象徴的な意味を説明したが、この事から『ユダの福音書』の著者が狙い定める標的は、十二使徒の流れを継承する当時のキリスト教正統派教会であることが判明する。

㋺『ユダの福音書』の新しさ

『ユダの福音書』の著者が筆を執っている頃、正典福音書（マルコ・マタイ・ルカ・ヨハネ）は既にほぼ今日の形に成立しており、かつ著者はその権威を十分尊重している。例えば『ユダの福音書』の歴史的枠組みは共観福音書（マルコ・マタイ・ルカ）に基づいてイエスの受難物語を利用し、この福音書の初めの部分には、これから始まるイエスと弟子たち特にイエスとユダとの対話を、ユダヤ教最大の祭である「過越祭」を祝う前の八日間に設定し、終わりの部分には、イエスの逮捕におけるユダの「引き渡し」の場面を設定している。

要するに『ユダの福音書』は、「史的イエス」あるいは「史的ユダ」に関しては何一つ正典福音書に加えてはおらず、形成されつつある正典新約聖書の中の『ルカ福音書』と、同じルカの手に成る『使徒行伝』が利用されている。『使徒行伝』からは、十二使徒団からユダが外された後、マティアがユダに代わって選ばれた件《くだり》が重要な史料になっている。

では『ユダの福音書』の新しさはどこにあるのか。その一つは、イエスの逮捕劇において、イエスをユダヤ当局に引き渡したのは、正典福音書が語るような、ユダの邪な裏切りによるものではなく、イエス自らがユダに指示したものであったという解釈である。二つ目は、十二使徒としてイエスによって召され、仲間の使徒たちによって排斥され、マティアによって取って代わられたユダであったが、最終的には十三番目の星となり、永遠に輝く国に迎えられたという、グノーシス派的解釈である。

さらなる『ユダの福音書』の新しさは何であろう。キリスト教の黎明期《れいめい》には、福音書と呼ばれるものがいくつも編まれた。トマス、ペトロ、フィリポ、マリアなどの名を冠して。そしてまたグノーシス派にとっては、ユダヤ教やキリスト教において神に反する悪人こそ、神の国の真実を理解した者として登場する。例えば弟アベルを殺害したカインや、ソドムとゴモラの人々など。しかし、裏切り者のレッテルを貼られたイスカリオテのユダの名前ほど、インパクトのある名前は他にない。

すなわち、『ユダの福音書』の他を圧倒する新しさは、著者がユダを主人公として選んだことであり、そのタイトルに『ユダの福音書』なる名称を与えたことである。これによって、当時主流で使徒継承のキリスト教正統派教会に対し叛旗を翻す自らの立場を、他のグノーシス派キリスト教文書以上に、より鮮明に打ち出しているといえる。

ユダを書物のタイトルに選びかつ主人公に選ぶことによって、当時の教会（すでにアンティオキアでは弟子たちはクリスチャンと名のっていたことは、『使徒行伝』一一章二六節に記されているが、カトリックという名称も次の項目で述べるアンティオキアの聖イグナティオスの書簡の中にすでに出てくる）に対抗する、いわば挑発的な姿勢を際立たせているが、もう一つ『ユダの福音書』の特筆すべき特徴は、著者がイエスの第一番目の笑いとしてエウカリスチア（ミサ）に対する嘲笑を置き、正統派キリスト教の最も大切な儀式を批判したことである。

『ユダの福音書』の著者は、使徒継承の正統派教会のエウカリスチアにまつわり、次の二つの観点から論戦を張っている。

その一つは神概念の相違である。正統派が供犠儀式（聖体祭儀・ミサ）において礼拝の対象としている神は、万物の創造主であり、正典福音書でイエスが「アッバ、父さん」と呼びかけた唯一にして全能の旧約聖書の神である。しかしその正統派の神は、『ユダの福音書』の著者すなわちグノーシス派にとっては、すでに説明したように、この世と人間を創造した低次の神なるサクラスであり、正統派はこの誤った神を崇め礼拝しているということになる。劣悪なサクラスはもちろんグノーシス派のイエスの神ではなく、それ故『ユダの福音書』のイエスは、冒頭で正統派の聖体祭儀を笑い飛ばしたという次第である。

二つ目は、最後の晩餐を土台にしながら、旧約の供犠儀式（過越祭）を継承した正統派教会は、イエスの十字架の死を人間の罪の贖《あがな》いのための犠牲（贖罪《しょく》）と見なしている。もっとも次に述べるアンティオキアのイグナティオスの、二世紀初頭に書かれた書簡からは、イエスの受難を贖罪と見なす解釈は、その時点では明確に読み取ることはできないが。次第に正統派教会のミサは、イエスの死を人間の救済のためイエス自身によって献げられた贖罪の犠牲と解釈しつつ、そのイエスを復活させた神に感謝し賛美しながら、その父なる神を礼拝する。

一方、『ユダの福音書』の著者にとってイエスの受難は、イエスの解放されるべき肉的人間の部分を、ユダによって犠牲にし（すなわち消滅せしめ）、アルコーン（悪しき世界支配者にして天的支配勢力）どもに返すことに過ぎず、まさにユダはイエスが本来の天の家に帰るべく、霊的人間の解放の道を開くための手伝いをしたということになる。それは、正統派の解釈のように、イエスが父なる神によって復活させられたのではなく、権力者当局に引き渡すというユダの働きによって、光世界（父にして大いなる見えざる霊、母なるバルベーロー、子にして自ら生まれたるアウトゲーネスなる、グノーシス派の神的三位一体の永遠の王国）に帰ったことを意味する。従って、正統派にとってエウカリスチアの中心である「イエスの死と復活」は、『ユダの福音書』の著者にとっては全く意味がなく、パンとぶどう酒による聖体祭儀も偽りの儀式となる。

このように『ユダの福音書』は、イスカリオテのユダというタイトルそのものによって、また冒頭で聖体祭儀を嘲笑することによって、正統派教会に真っ向から挑戦した書物である。

しかし、両者に共通するものもある。それはイエスの十字架の死は、人類の救済のため必要不可欠であったということだ。全く異なる解釈においても、ユダがイエスを官憲に引き渡すことは不可避であった。正統派は、ユダの「裏切り」行為とみなしたのに対し、グノーシス派の『ユダの福音書』の著者にとっては、ユダの行為はイエス自身の望みを叶《かな》えた、「引き渡し」であった。

(ハ)『ユダの福音書』の歴史的価値

すでに述べたように、異端となった『マルキオン聖書』が正統派による聖書の正典化に拍車をかけたように、『ユダの福音書』は正統派のドグマ(教義)の形成に拍車をかけたと言っても過言ではないだろう。キリスト教のドグマは、イエスの説教によって天から啓示されたものではなく、当時の権力者によって一挙に押しつけられたものでもない。そうした非歴史的な現象ではなく、長い長い論争の歴史の中で、少しずつ少しずつ確立されたものであり、三位一体の教義も、イエスの神性と人性の教義も、三二五年のニカイアあるいは四五一年のカルケドン公会議に至る、高度な論争の歴史を経て形成されていったものである。異端として排斥され、ナイル川の流域に埋葬された多くのグノーシス派の書物、例えば一九四五年にナグ・ハマディで発見された『トマスによる福音書』なども、正統派によるドグマの形成や聖書の正典化の歩みに大切な役割を果たしたに違いない。

約千六百年後に、ナイル川流域の町マガーガ近郊の墓地から発見された『ユダの福音書』も例外ではない。一八〇年頃、エイレナイオスによって書かれた『異端反駁』によって『ユダの福音書』の存在はすでに知られていたが、劣化に劣化を重ねて世に出たこの書物も、その当時の信仰の真理をめぐる闘いに鋭利な刃をもって立ち向かった。極めて際立った挑戦であったが故に、正統派のエイレナイオスは名指しで『ユダの福音書』を論駁したと言えよう。

しかし果たして、我々が手にしている『ユダの福音書』は、エイレナイオスが『異端反駁』を書いていた時手元に置いていたものと同一であろうか。もし同一であれば『ユダの福音書』のオリジナルは、少なくとも一八〇年以前（紀元一四〇年から一六〇年前後）に書かれたものであり、これから述べる『アンティオキアの聖イグナティオスの書簡』から三十年後あるいは五十年後くらいに書かれた著作ということになる。

そこで、一九七〇年代に発見された『ユダの福音書』は、エイレナイオスが言及する『ユダの福音書』かどうかをここで検証してみよう。

『異端反駁』第一巻三一の一がまさにエイレナイオスが『ユダの福音書』を論駁した箇所であるが、以下がその全文で、傍線①②③は筆者によるものである。

さらに別の者たちは、カインは上なる権威からきているのだと言う。彼らはさらにエサウ、コラ、ソドム人、その他その種の者たちすべてが自分たちの同族だと公言している。それゆえに彼らはたしかに［この世の］造物主からは敵とされたが、彼らのうちのだれ一人としてそれで害を受けることはなかったのだと言う。なぜなら、彼らを取り去ったのは、ソフィアであって、彼女はもともと自分のものであったものを自分のもとに受け容れたのであると。そして彼らが言うところでは、あの裏切り者のユダもこのことをよく認識していたのである。そして①彼だけが他の者［弟子］たちを出し抜いて真理を知っていたからこそ、②裏切りという奥義を実行できたのだという。③彼を通してこそ、地と天にあるすべてのものが解消されたのであるとも言う。彼らはこの種のでっち上げの話を持ち回っていて、それをユダの福音書と呼んでいる(2)。

エイレナイオスは、旧約聖書と新約聖書の中のマイナスのイメージを持つはみ出し者たちを、プラスのイメージに仕立て上げるグノーシス主義の一般的傾向について語る中で、旧約聖書の弟アベルを殺害したカインから始め、ソドムの人々などを列挙した後、新約聖書のユダをもって締めくくっている。

『ユダの福音書』に対する、エイレナイオスの以上の簡潔な反駁の中に、約一六〇〇年後に発見された、ギリシャ語からのコプト語訳『ユダの福音書』の内容と全く符号する箇所がある。

①十二使徒の中で、ユダのみがイエスの出自など、真理を認識していた。

②裏切りという奥義、すなわちイエスを官憲に引き渡すことは、イエス自身が望んだことであった。

③権力者にユダがイエスを引き渡す行為によって、イエスは殺害される（『ユダの福音書』の中では、引き渡した後の受難物語は暗黙の了解として書かれてはいない）が、イエスの死は、正統派が

主張するように復活に通じる出来事ではなく、イエスがグノーシス派の神の家に帰るために不可避の通過点であり、ユダの行為を通して、イエスの消滅すべき肉的人間を、天的支配者アルコーンどもに返還するいわば象徴的な出来事であり、それによってグノーシス派に属する霊的人間に、この世と人間を創造した低次の神サクラスからの解放の道を開いた。

以上の三点が、エイレナイオスの『異端反駁』の『ユダの福音書』に関する内容と、発見された我々の手元にある『ユダの福音書』の内容が合致する点である。この事からエイレナイオスが一八〇年頃言及している『ユダの福音書』は、まさに発見された『ユダの福音書』と内容的に同じものであった可能性が高い。そうだとすると、『ユダの福音書』のオリジナルは、ガリアのルグドゥヌム（現在のフランスのリヨン）の司教エイレナイオスが一八〇年頃書いた『異端反駁』以前に書かれたものであり、多くの学者が指摘する年代、一四〇年から一六〇年頃に『ユダの福音書』が存在したという説が妥当であろう。おそらくキリスト教グノーシス主義が最も活発だったのは二世紀と思われ、オリジナル『ユダの福音書』が書かれた二世紀中頃から後半こそ、使徒伝承の正統派教会とグノーシス派の論争が火花を散らした時期と考えられる。

異端とされたグノーシス派やアリウス派との論争を経過しながら、三二五年のニカイア公会議に向けて正統派キリスト教のドグマは形成されていったのであり、また四三一年のエフェソス公会議で異端とされたネストリウ

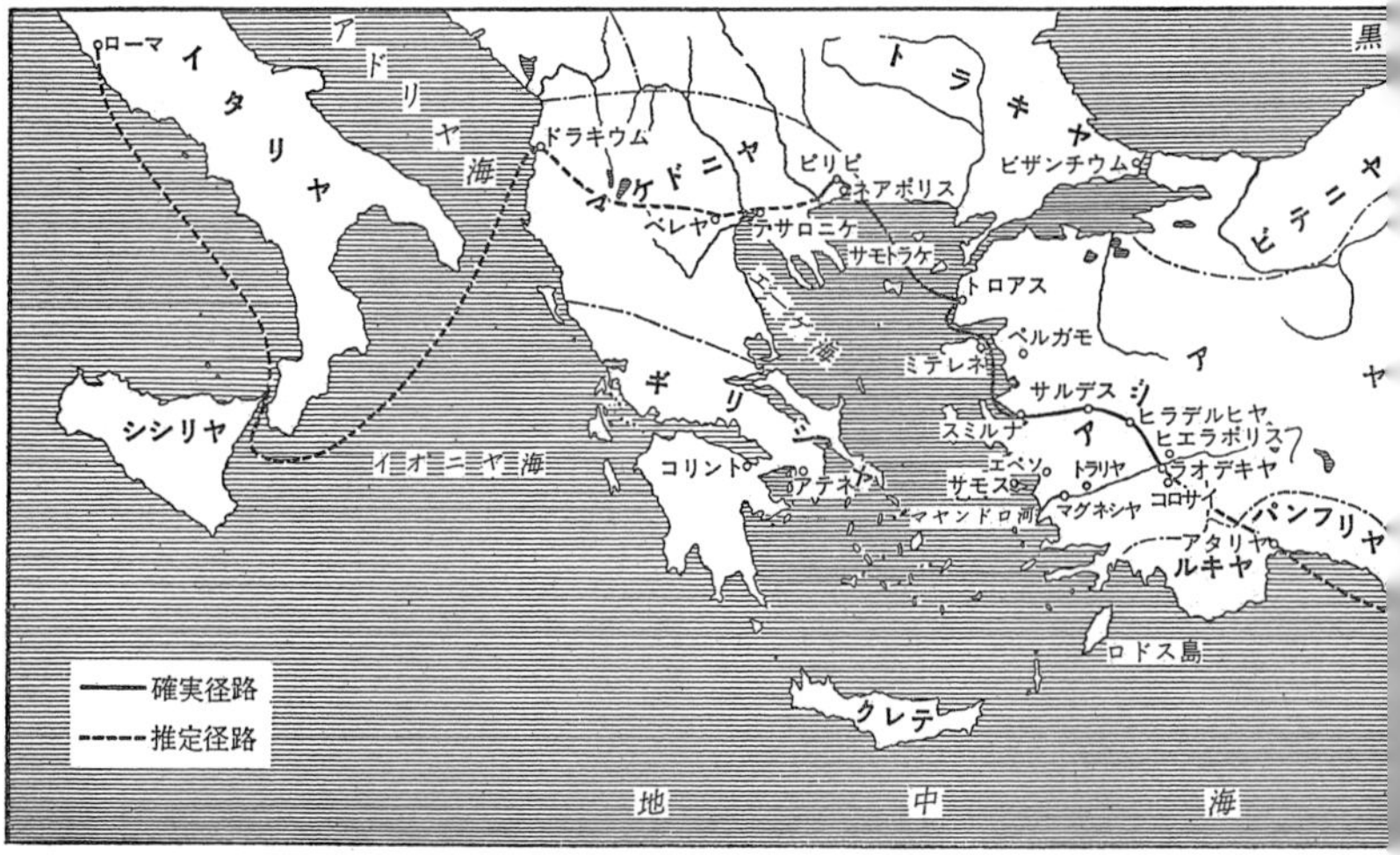

〔図Ⅲ〕イグナチオ護送経路（G・ネラン他訳『アンチオケのイグナチオ書簡』による）

ス派なども含め、異端とされたものとの闘争こそキリスト教の真理の探究に不可避であった。

『ユダの福音書』の考察は一旦ここまでとし、これから同時代の正統派アンティオキアの聖イグナティオス（カトリックの通常名はラテン語奪格形読みで、アンチオケの聖イグナチオ）について、『ユダの福音書』における最初の笑いの対象であるエウカリスチアに注目しつつ、考察してゆこう。イエスが十字架上で亡くなってすぐ、すなわち三五年頃誕生した人物であるから、その証言は貴重である。

㈡アンティオキアの聖イグナティオスの書簡

『ユダの福音書』が書かれた時期を一四〇年から一六〇年頃とすると、この時期と同時代で、それより確実に早い年代に書かれた『アンティオキアの聖イグナティオスの七通の書簡』が、当時の正統派教会とグノーシス派キリスト教との対立状況や論点を知るうえで最も参考になる資料となる。

聖イグナティオスの書簡が書かれた時期はエウセビオスの『教会史』（三二五年頃）によると、一一〇年から一一七年であるが、確定するのは困難である。一〇〇年から一一八年とするJ.B.Lightfootの有力な仮説[3]もあるが、残された史料からはそれ以上のことはわからない。アンティオキアの司教であったイグナティオスは、死刑囚としてローマに護送される道すがら（図Ⅲ参照）、当時の七つの教会や司教に手紙を送った。エウセビオスの『教会史』以前に書かれたエイレナイオスの『異端反駁』の第五巻二八の四やオリゲネスの《In Lucam homiliae》（『ルカ福音書講話』）六の四から、イグナティオスのローマにおける最期の状況は悲惨なもので、獣と闘い、餌食となって殉教したことになっている。

イグナティオスは七〇年から一〇七年まで、シリアのアンティオキアの司教であったが、その当時の三大都市はローマとアレクサンドリアとアンティオキアであった。三二五年のニカイア公会議は、この三都市の首位権について述べている。

ちなみに、すでに語ったグノーシス・キリスト教はエジプトのアレクサンドリアと深くかかわるが、アルゼンチンの作家ホルヘ・ルイス・ボルヘスはグノーシス主義を論じた文章の中で「もしローマではなくアレクサンドリアが覇権を握っていたならば、ここで概略を紹介した突拍子もない話の数々も、一貫性があって威厳にあふれた正当な逸話ということになるだろう[4]」と語っている。

また二世紀を中心に、大いにはびこっていたグノーシス・キリスト教であるが、当時の三大都市の二つ、アレクサンドリアとアンティオキアは神学的にも注目すべき場所であり、ここからアレクサンドリア学派とアンティオキア学派が生まれた。アレクサンドリア学派は、二世紀三世紀に活躍したクレメンスやオリゲネス、さらに四世紀のアタナシオスなどが代表格であり、アンティオキアの代表格はヨハネス・クリュソストモス（三九八年〜四〇四年までコンスタンティノポリスの司教）である。クリュソストモスとは黄金の口の意である。

最も興味深い両学派の違いは、イエスの「人性」と「神性」に関する力点の置き方であろう。そのニュアンスにおいて、アレクサンドリア学派がイエスの神性に力点を置くのに対し、アンティオキア学派はイエスの人性に力点を置く。その例として、卓越した説教者として「金口ヨハネ」と呼ばれたヨハネス・クリュソストモスの説教を、ラテン語訳からの我が拙訳で示してみよう。

あなたはキリストのからだを尊ぶことを望むのか。それなら、彼が裸である時、彼を軽蔑しないようにしなさい。外の寒さ、衣服の欠乏で彼を苦しみの中に放って置きながら、教会の中で、絹織物によって彼を尊ばないように。なぜなら、「これはわたしのからだである」と言い、そう言いながらそれを実現されたお方は、また次のようにも言ったお方である。「あなた方は飢《う》えているわたしを見ながら、なんら食べ物をわたしに与えなかった」。また「この小さな者らにしなかったことは、わたしにしなかったのと同じである」。ここ（教会）では、キリストのからだは衣服を必要としない。しかし澄んだ魂を必要とする。一方、外においては、多くの気づかいを必要とする。……あなたも、キリストの命じられた仕方で、自らの豊かさを貧しい人々に与えながら、キリストを尊びなさい。なぜなら、神は金の器を必要としない。そうではなく、金のごとき無上の魂を必要とする。わたしは何もあなた方が宗教的奉納をすることを妨げるために言っているのではない。そうではなく、人はまず施しをしなければならないと言っているのだ。なぜなら、神は前者を受け入れるが、しかしそれ以上に後者を受け入れる。というのは、奉納を通して、それを与える者は、ただ一人恵みを受けるが、施し物によっては、それを受ける者もまた恵みを受けるからである。奉納は虚栄の機会ともなりうるが、施しは善良さの行為以外の何ものでもない。キリストの食卓が金の器でおおわれることに何の利益があろう。一方でキリストご自身が死ぬほど渇いているのに。飢えた人を満たすことから始めなさい。そしてその残り物で、キリストの祭壇を飾りなさい(5)。

ここで、「キリストのからだ」とはエウカリスチア(ミサ)において、司祭が最後の晩餐でのイエスの言葉「これは私のからだである」と唱えることによって聖別される「聖体」を意味する。ヨハネス・クリュソストモスは三五〇年頃生まれ、四〇七年に亡くなっているから、すでにその頃、教会での儀式が豪華になりつつあったのだろう。絹織物とは司教の祭服をさしているのか。金の器とはミサにおいてパンとぶどう酒を入れるパテナとカリスである。キリストが貧しい人々、小さい人々、差別された人々に寄り添ったように、まずはキリストの生きざまに倣って、飢えている人、渇いている人を大切にしなさいと語る、イエスの「人間性」に根ざした、アンティオキア学派のヨハネス・クリュソストモスの名説教である。

筆を執っている今（二〇二二年三月現在）ウクライナの人々がロシアの独裁者の常軌を逸した戦争によって踏みにじられている。ヨハネ・パウロⅡ世教皇が、一九八一年に来日の際、広島において日本語で語った第一声「戦争は人間のしわざです。……」が胸に刺さる。戦争とは、最初に始めた権力者にすべての責任がある。一度始まれば、悪が悪を呼び、殺戮《さつりく》が殺戮を呼ぶ。そこには苦しみ悲しむ小さき子供たち、弱き女性たち、傷つき亡くなった多くの人々の涙がある。

金口ヨハネと同様、貧しき者、弱き者へのまなざしの大切さを道元が門下らに語っている故、言語を絶する戦争のさ中、道元禅師の言葉にも耳を傾けてみよう。

「示して曰く、故僧正（栄西）建仁寺におはせし時、独りの貧人来たりて曰く、我が家貧ふして絶煙（食事をせぬこと）数日に及ぶ。夫婦子息両三人餓死しなんとす。慈悲を以て是を救い給へと云ふ。其の時、房中に都《すべ》て衣食財物無し。思慮をめぐらすに計略《せんかた》つきぬ。時に薬師の像を造らんとて光《こう》（背光）の料に打ちのべたる銅少分ありき。是を取て自ら打をり、束ねまるめて彼の貧客にあたへて曰く、これを以て食物にかへて餓《うえ》をふさぐべしと。彼の俗よろこんで退出しぬ。時に門弟子《もんていし》等難じて曰く、正しく是れ仏像の光なり。これを以て俗人に与ふ。仏物己《ぶつもつこ》用《よう》（仏法の物を個人のことに用いること）の罪如何ん。僧正の曰く、誠に然り。但し、仏意《ぶつち》を思ふに、仏は身肉手足を割きて衆生に施せり。現に餓死すべき衆生には、設《たと》ひ仏の全体を以て与ふるとも仏意には合《かな》ふべし。亦曰く、我れは此の罪に依《より》て悪趣（地獄）に墜すべくとも、ただ衆生の飢えを救ふべしと云々。先達の心中のたけ、今の学人も思ふべし。忘るること莫《なか》れ(6)」。
礼拝の対象（イエスであれ、釈尊であれ）の人間としての生きざまそのものに焦点を当てる姿勢こそ、金口ヨハネや道元の言葉の力である。ウクライナ侵略の口火を切った、プーチン大統領とロシア正教会のトップ、キリル総主教は、この二人の先達の言葉を心に刻まねばならない。

閑話休題、再びアンティオキアの聖イグナティオスの話に戻すと、こうした人間性に照明を当てるアンティオキア学派の神学的基礎は、アンティオキアの聖イグナティオスに負うところが大きいと思われる。残された貴重な史料である七通の手紙、エフェソス・マグネシア・トラリア・ローマ・フィラデルフィア・スミルナの各教会、そしてスミルナの司教ポルカルポに宛てた七通は、なんと死出の旅の途中で書き送った真剣勝負の書簡であった。当時ローマでは、人々の享楽のために、円戯場で死刑囚を野獣と闘わせる残酷な慣習があった。イグナティオスはその刑に服するため、十人の監守兵（書簡ローマ五では「十頭の豹《ひょう》」と表現）に連行され、ローマにて殉教する。アンティオキアで受けた迫害の状況や死刑宣告の理由は残された史料からは定かでない。彼は殉教を「わが神の受難に倣うこと（ローマ六）、キリストと共に苦しむこと（スミ四）」との信念のもと、神に到達するための神の恵みとして受け取った。イグナティオスは決して他の人々に殉教を促すことはなかったが、自分にもたらされたこの恵みの機会を、殉教の恐怖を抱きながらも、殉教の機会を妨げないようにと願い、「どうか、御親切がかえって私にとって迷惑にならないようお願い致します。私を獣の餌食にしてください。それが神へ到達する道なのです。私は神の穀物であり、獣の歯に挽《ひ》かれて、キリストのけがれなきパンとなります」（ローマ四）と、有名な言葉を残している。

さて、イグナティオスが七つの手紙を通して、各教会や司教に命を懸けて注意を促した事柄は何であろう。その一つが七つの書簡の数十年後に書かれる『ユダの福音書』が標的とするエウカリスチアであり、他はイグナティオスが最も危惧した、『ユダの福音書』の著者らが掲げる、グノーシス派の「キリスト仮現説」の信仰である。

イグナティオスが邪教と呼ぶ者たちの集団の具体的名称は書簡の中には出てこないが、その一つは確実にキリスト仮現説（ドケチズム）を主張する者らに対して、その主張を邪教として退けている。すでに述べたように『ユダの福音書』の著者らの集団こそ、キリスト仮現論者（ドケチスト）たちである。イグナティオスの活躍したのは一世紀後半から二世紀初頭にかけてであるが、おそらくその直後、次第に台頭してくる種々のグノーシス派の先鋒をなすエリート少数集団が、各地の正統派教会の中で嵐を巻き起こしていたのであろう。イグナティオスが七通の書簡において、具体的にどのような表現でドケチストたちを論駁しているか、いくつかの例を挙げてみよう。以下、G・ネラン、川添利秋共訳[7]を用い、傍線及び傍点は筆者による。

・もし不信の徒というべき異教徒の言う通り、主の御受難が外観だけだったとしたら（外観といえばむしろ彼らの存在がそれですが）私は何のために捕縛されているのでしょうか。何のために獣との闘いを待望するのでしょうか。もしそうだとすれば、私はいたずらに死ぬこととなり、主の前に嘘をつく者となります。（トラ一〇）

この言葉がキリスト仮現説論者を意識している徴《しるし》として、その直前の文章の中で、一つ一つの出来事は幻《まぼろし》でも外観だけの事柄でもなく、真実の出来事であり、かつ史実であることを強調し、イエス・キリストは「ダビデの裔《すえ》でマリアより真に生まれ、食べ飲み、ポンチオ・ピラトのもとで真に迫害を受け、天上のもの地上のもの地下のものの面前で真に十字架につけられ、死して、死者のうちより真に蘇えらされたのです」と、何度も何度も執拗に「真に」を繰り返し、そしてイエス・キリストを蘇えらせたもうた神なる御父は、イエス・キリストによって「唯一の真の生命に通うものとして、信じるわれわれをも同じ様に蘇えらせてくださる」と、いわば史実（イエスの誕生や十字架上の死など）と真実（キリストの復活）の区別なく自らの信仰の核心を述べている。同様のドケチストを意識しての注意勧告は、言葉を変えてスミルナの教会への手紙の中にも見られる。

・主はわれわれを救うためにこのような苦しみを受け、真に苦しみ、真に自ら蘇えられたのです。けっして、或る不信者達の言うように御受難が外観だけだったのではありません。外観といえば、むしろ彼らの存在の方が外観だけであり、彼らこそ、自分達の思い通り、肉体をもたない幽霊の運命をたどるに違いありません。

ここでも痛烈にキリスト仮現論者たちを非難し、イエスの肉体をいわば幻のように見なす彼らこそ、肉体をもたない幽霊のような存在であるとして排斥している。激しく排斥してもなお、イグナティオスの時代のすぐ後、二世紀後半には、『ユダの福音書』の著者も含めキリスト仮現論を唱えるグノーシス派が台頭していった事を考えると、使徒伝承の正統派の司教としては、その萌芽を摘み取る必要を痛切に感じたに相違ない。獣の餌食になる死を覚悟しての、書簡の一字一句は重く切ない。

この箇所に一つ興味深い表現がある。それは、イエスは「自ら蘇《よみが》えられた」という傍線部の表現である。実は当時すでに書かれていた新約聖書の中には、この表現は一切見当たらない。イエスの復活に関し、使われる動詞は、一つは ἐγείρω（エゲイロー）であり、もう一つは ἀν-ίστημι（アニステーミ）であるが、これらのギリシャ語が使用される箇所の意味はすべて、イエスは父なる神によって「蘇えられた」である。もしかしたら、イグナティオスの勇み足であったかもしれぬ。なぜなら、自らの書簡の他の箇所、例えばすでに示したトラリア九においては、「イエス・キリストを蘇えらせたもうた御父」となっており、またスミルナ七では「御父の御慈しみにより蘇えらされたその肉」となっており、新約聖書と歩調を合わせている。

ドケチストをいかに意識していたかという事に関し、スミルナ二に続く三では、ルカ福音書の二四章三九節のエピソードを引用しながら、つぎのように書きしたためている。

・主が御復活の後にも肉体をもっておられたことを私は知っており、また信じております。そして主がペテロのまわりに集まる人たちのところへ来られた時、「さあ、手で触ってごらんなさい。私は肉体をもたない幽霊ではないのだ」と言われると、彼らは手で触り、主の肉と霊とに交わって、直ちに信じました。それによって彼らは死を軽んじ、死を踏み越えました。じっさい、御復活後、主は、霊としては御父と一体でありながら、肉体をもつものとして彼らと飲食を共にされたのです。

ちなみにこの箇所（ルカ二四の三六〜四三）は、後に述べる椎名麟三が「ほんとう」の自由なるものを見た、いわば回心の出来事である。

以上挙げた箇所以外にも、それぞれの教会への手紙を通して、キリスト仮現論者に注意するよう、厳しく警告を発している。二世紀に入ると、生身のイエスと寝食を共にした弟子たちもこの世に居なくなり、イエスが神でありメシアであることを信じつつ、まことの人間であったイエスの側面を見落とし、イエスのからだを幻のように認識するグノーシス思想を持つ少数派のエリート信者が、使徒の流れを継承する正統派教会の中に現れ始めたということだろう。

もっともイエス・キリストは「まことの神」であり「まことの人」であるということは、現実には到底理解不能な事柄であるから、グノーシス派キリスト信者が現われたとしても不思議ではない。実際キリストの神性・人性に関する正統派のドグマ表明は四五一年のカルケドン公会議を待たねばならない。

その後、拡大してゆく正統派教会を標的に、狙い打ちする『ユダの福音書』の著者のようなグノーシス派キリスト教が牙《きば》をむいてくるのだが、イグナティオスの書簡の中のスミルナ八に、

「司教のいる所に教会全体があるべきことは、ちょうどキリスト・イエスのおられる所にカトリック教会があるのと同じです」という、文献として貴重な、文書に現れた最初の記録である「カトリック（普遍的）教会」という言葉が現われる。興味深いのは、先に述べたように、「キリスト教徒（クリスチャン）」と称する人々が生じたのがアンティオキアであったが、「カトリック教会」という名称も、アンティオキアの司教の手紙の中で初々《ういうい》しく登場する。しかし、イグナティオス自身が最初に使い始めたかどうかは定かではない。

「ドケチスト」に対する警告と並んで、この手紙の中で重要なのは、『ユダの福音書』の著者がイエスの一番目の笑いによって嘲笑の的とした「エウカリスチア（εὐχαριστία）」である。このギリシャ語は新約聖書では「感謝をささげること」を意味するが、この言葉こそ、後にカトリック教会で「ミサ」と呼ばれるようになる「聖体祭儀」であり、「感謝の祭儀」である。ちなみにミサという言葉は、ラテン語ミサの終わりに司祭が述べる「**Ite,missa est**（イーテ・ミッサ・エスト、行きなさい、祭儀は終了したの意で、**ite** は **eo** 行くの命令法で、**missa est** は **mitto** という動詞からきており、派遣するとか解散するの意である）」この **missa** にミサという言葉は由来する。

エウカリスチアの強調も、当時はびこってきたドケチストやユダヤ主義者などに対し、使徒伝承の正統派教会の「一致」を固めるためである。書簡の中には現在のカトリック教会に通じるヒエラルキー（階級組織）も姿を現しており、教会には一人の司教・長老団（司祭団）・執事（助祭）の参加のもとに、イエスの「最後の晩餐」を継承したエウカリスチアが行われていた。祭儀にはパンとぶどう酒を用いることから、パン裂きの儀式とも呼ばれ、エフェソス二〇では「イエス・キリストへの信仰をもって、心を散らさず、司教、司祭に服従し、唯一のパンを裂きなさい」と述べ、「そのパンは不死の霊薬であり、死を防ぎ、イエス・キリストにおいて永遠の生命を与える」と語っている。七つの書簡の中にはエウカリスチアという言葉そのものが出てくるのは五カ所であるが、聖体祭儀を匂わせる重要な箇所も含め、以下にいくつかの例を挙げておこう。本文の訳、ユーカリスチアはエウカリスチアに、イエズスはイエスに統一して表記する。傍線は筆者による。

・ゆえに唯一のエウカリスチアにあずかってください。わが主イエス・キリストの肉は唯一つ、一致せしめる御血の杯は唯一つ、祭壇は唯一つ、同様に、私の同労者たる執事および長老団と共にある司教は唯一人……(フィラ四)

・彼らはエウカリスチアもお祈りも疎《うと》んじておりますが、それはすなわち、エウカリスチアがわが救主イエス・キリストの肉であること、われわれの罪のために苦しみ、御父の御慈しみにより蘇えらされたその肉であることを彼らは告白しないからです。彼らは神の賜物を拒否し、復活へ導く愛の実現を計らず、口論のうちに死滅していきます(スミ七)

ここで彼らとは、明らかにキリスト仮現論者を指す。そして正統派教会にとって信仰生活の中心であるエウカリスチアを軽蔑するドケチストたちを排撃している。この文の最初のエウカリスチアは「聖体祭儀」を指し示し、二番目のエウカリスチアは聖体祭儀の時のパン、聖別された「聖体」そのものを意味する。司教あるいは司祭が聖体祭儀の中で、最後の晩餐の時のイエスの言葉「これは私のからだである」とパンを取って唱える時、パンはキリストの肉（からだ）、復活したキリストの肉（からだ）になることを聖別という。カトリックはこれを実体変化と呼ぶが、十六世紀ルターに始まる宗教改革によってプロテスタントのツヴィングリの象徴説など異なる解釈が出てくる。今日なお、その解釈をめぐって論争は続けられ、この問題解決はエキュメニズム（教会一致）の要《かなめ》となっている。

・御父に対するイエス・キリストのように、皆、司教に服従し、また使徒達に対するように長老団に服従してください。そして神の戒め同様、執事に敬意を払ってください。けっして教会の事を、司教なしに営んではいけません。エウカリスチアは司教またはその代理のもとに行われた時のみ有効と認めていただきたいのです。……（スミ八）

その代理というのは、今日では司祭に当るが、ここでイグナティオスは、司教なしに挙行されるエウカリスチアは無効であるとは言っておらず、含みを持たせた表現である。

・さて、神への賛美とエウカリスチアのため、もっと頻繁に会合してください。……（エフェ一三）

以上の五カ所にエウカリスチアというギリシャ語が使用されている。その他直接この語は使わず、エウカリスチアに関わる大切な箇所を示しておくと、すでに言及したエフェソス二〇の「人の子、また神の子たるイエス・キリストへの一つの信仰をもって、一心不乱、司教、長老に服従し、唯一のパンをさくのを知る時であります……」やローマ四の「私を獣の餌食にしてください。それが神へ到達する道なのです。私は神の穀物であり、獣の歯に挽かれて、キリストのけがれなきパンとなります。……」や、ローマ七の「……朽ちてしまう食物も、現世の快楽も、味を失い、ただ私の欲するのは、ダビデの裔イエス・キリストの肉である神のパンと、不朽の愛である御血の盃とであります」。

二世紀の初頭に書かれた『アンティオキアのイグナティオスの七つの書簡』を見てきたが、そこには（一）「キリスト仮現説」への攻撃と（二）「エウカリスチア」の重要性の強調、この二点が手紙の随所に見られた。この書簡は、使徒継承の正統派キリスト教会の、しかもアンティオキアという当時ローマとアレクサンドリアと共に重要な拠点の、さらに野獣と闘い殉教する運命を背負った死出の旅路の途中で残した、一人の司教の必死の叫びであった。そして、その頃すでに萌芽が垣間見られ、二世紀後半にかけ最も活動的にして創造的であったグノーシス・キリスト教は、まさに『ユダの福音書』の著者に見られるごとく、この正統派キリスト教会を標的にし、特に正統派教会のエウカリスチアを嘲笑の的とした。グノーシス文書は、その後五世紀に至るまでギリシャ語からの翻訳のコプト語写本として書写され、読まれていったが、この少数派エリート集団の鋭い刃《やいば》も虚しく、グノーシス派キリスト教徒は使徒伝承の正統派キリスト教会の前に異端として葬り去られてゆく。そしてそれは、千六百年間、あるいは千七百年間、エジプトのナイル川流域のナグ・ハマディやマガーガ地方の土の中から発見されるまで、もはや世に姿を見せることはないかの如く眠ったままにされた。しかし、「真理」というものは、論争を通して顕《あらわ》になってゆく動的なものである。『ユダの福音書』も、その時代にあって正統派教会と真っ向勝負で挑んだ書物であり、真理探究のための問題提起の資料となったことは間違いない。

『ユダの福音書』の著者を始め、グノーシス主義者が唱える「キリスト仮現論」に対し、これからいよいよ正典福音書に現れる史的イエスに挑戦してみよう。イエスは幻《まぼろし》ではなく、この現実の歴史の中で、我々と同じように怒り、悲しみ、そして喜んだことを現代聖書学の成果を駆使して、特に「怒り」に焦点を当て検証してゆこう。その後、この書の最大の目的である、「新約聖書で笑っていないイエスを笑わせる」試みを、無力ながら力の限り試みてみよう。言葉を換えれば、二十世紀の卓越した神学者、スヒレベークスが喝破した「神はデウス・フマニッシムス（Deus humanissimus）[8]」すなわち、最高に人間らしい神であることを証明するための我が渾身《こんしん》の挑戦である。

第三章

正典福音書におけるイエスの〈怒り・苦しみ・悲しみ・喜び〉

1　共観福音書（マルコ・マタイ・ルカ）とヨハネ福音書の成立

イエスは生前、何一つ書き残さなかった。イエスの死後（あるいは生前から）、イエスの思い出、イエスの言葉や行動が、パレスチナの各地方で、人から人に語り継がれていった。強烈な印象として記憶に残った発言や出来事もあれば、単なる噂話もあれば、伝わるうちに段々大きくなった話もあろう。イエスの「受難物語」に関しては、口頭で伝承されただけでなく、原始キリスト教の共同体の中で、早目に文書化された可能性もある。

いずれにせよ、イエスの死後数十年は口伝《くでん》伝承としてイエスの思い出が庶民の間に語り継がれていった。イエスが十字架上で亡くなって二十年後、三十年後、諸説あるが、二つの文書にまとめられる。一つは現存し、一つは現存しないが。

その一つが現存する「マルコによる福音書」である。マルコは最も古い福音書であるが、その著者は伝統的には「使徒行伝」一五章三七節に出てくるマルコとされている。しかし、ペトロの思い出を弟子であるマルコが書き取ったという通説は、マルコ福音書の内容から検証してその可能性は乏しい。おそらくこの福音書は、パレスチナ出身のユダヤ人キリスト教徒であるマルコという人物が、パレスチナの各地方を経巡《へ》り、庶民の記憶を蒐集《しゅうしゅう》して、拡大しつつある主流の原始キリスト教団に対して、批判的視点のもとに筆を執ったものであろう。執筆年代は諸説あるが、その内容の分析からエルサレム崩壊を経験していないと考えられ、七〇年以前で、六〇年代か、それ以前の可能性もある。ちなみにＥ・トロクメ[9]は五〇年代説である。

もう一つは現存しないが、聖書学者らが仮説上の資料として想定する「Ｑ資料」と呼ばれるものである。一般的には論語の「子《し》曰《いわ》く」の如く、「イエスは言った」という様式で、イエスの言葉を羅列した語録集で、ナグ・ハマディで一九四五年に発見された「トマスによる福音書」と類似した形式であったと考えられている。残存しているわけではなく、実態も定かでないＱ資料は、イエスの発言の羅列と言うよりも、むしろマタイとルカが共通して利用し、かつマルコが利用しなかった資料集と言った方が妥当であろう。今日我々は、共観福音書を比較しながら、マタイとルカに共通してあらわれ、マルコにはあらわれない箇所を抽出し、仮説的に、今は失われ存在しないＱ資料を復元する。この資料集は、マルコのように一人の人物によるものではなく、おそらくメモ的に残されたイエスの言葉などが段々蓄積され、最終的に原始キリスト教団の中で文書として整理された資料集であろう。

マルコとＱ資料が文書としてまとめ上げられてから、さらに数十年を経て「マタイ福音書」と「ルカ福音書」が書かれる。重要な点として、マタイとルカの手元には、マルコ福音書とＱ資料があるということだ。更にもう一つ、マタイはマタイ、ルカはルカだけが手に入れた「マタイ特殊資料」と「ルカ特殊資料」が置かれていたと考えられる。

「マタイによる福音書」は、使徒マタイが著者であるという通俗的仮説の可能性は希薄で、おそらく著者はギリシャ語を第一言語とするユダヤ人キリスト教徒であった可能性が高い。しかもマタイ福音書において大事なことは、この福音書は一人の著者の作品というよりも、著者のマタイが属していたギリシャ語を話すユダヤ人の知識人グループがなした協同作業の産物であり、その最後にマタイがまとめ上げたものであろう。いかにもマタイ共同体による正典的福音書である。執筆年代は、七〇年のエルサレム崩壊を知っているので、七〇年より後、八〇年代が妥当か。

「ルカによる福音書」は、一人の人物の著作であり、伝統的には「フィレモンへの手紙」二四節のパウロが「私と共に働く者」と呼んでいるルカの著作とされている。この福音書の著者は、「使徒行伝」(**Actus Apostolorum** なので、「使徒言行録」と訳すより、「使徒行伝」ないし「使徒行録」が適切)の著者と同じ人物である。執筆年代はやはり七〇年以降で、九〇年以前であろう。ルカはマタイのようなユダヤ教に関する豊富な知識はなく、かつパレスチナの事情にも疎い、ギリシャ語圏出身の教養あるキリスト教徒であったと考えられる。

原始キリスト教団の現状に対し、批判的な姿勢で最初に福音書を書いたマルコであるが、権力を拡大しつつある主流派の立場から、より正当的権威ある福音書に修正しようとしたのがマタイであり、ルカである。

共観福音書(マルコ・マタイ・ルカ)というものが、以上のような形成過程を通して成立したものであれば、「史的イエス」に迫るためには、伝承を逆にさかのぼる作業を余儀なくされる。いわば化粧を洗い落とし、素顔のイエスに肉薄する作業である。言葉を換えれば、マタイやルカがマルコから削除した箇所や付加した箇所を明確にする作業、あるいは敬虔な信仰心や、形成されつつある教義(ドグマ)が先行して改竄《かいざん》された箇所など、そうした余分を取り除き、更にはイエスの死後長きに亘り語り継がれた口頭伝承の段階で生じた粉飾や誇張を吟味し、最終的にイエス自身の生《なま》の言葉（ipsissima vox Jesu）や信憑性のある伝承に辿り着く作業である。こうした作業は二十世紀の聖書学者らが挑戦した研究姿勢であり、幸い多くの点で学問的一致を得ている。

観念の世界ではなく、歴史の中に実際に生きたイエス、いわゆる「史的イエス」に迫るには、どうしても共観福音書が手がかりとなる。なぜなら、マルコ、マタイ、ルカは相互に比較できるし、イエスの死後、より早く書かれた福音書であるから。しかしながら、もう一つ「ヨハネによる福音書」も参考資料となりうるので、ここで簡潔に言及しておこう。

ヨハネ福音書の成立年代を確定するのは困難であるが、現在の形に整えられたのは一世紀の終わり頃と考えられる。信頼できる学説に基づくと、ヨハネ福音書の構造は思いの外複雑であり、一筋縄ではいかないことが確認できる。

ヨハネ福音書には言わば二つの層があり、その一つの層はヨハネ福音書を最初に書いた元々の原作者の層であり、他はその原作を土台にしながら、そこに編集の手を加え、書き足した編集者たちの層である。編集者はおそらく元々のヨハネ福音書から削除した部分もあろうが、削除部分を復元することは、もはや不可能である。

原作者が誰であるか特定することはこれまた困難であり、すでに何度も登場した正統派のエイレナイオスが、一八〇年頃、長老ヨハネと混同しながらも、ヨハネ福音書の著者を使徒ヨハネ（ヤコブの弟）としているが、彼以前にそれを証明している文献は見当たらない。『ユダの福音書』もそうであったが、その当時、書物のタイトル名の人物とその書物の著者は必ずしも一致しない。

この二つの層は、類似した思想を持つ言わばヨハネ共同体から生まれたものであろう。原作者と編集者の部分を見分けるには、使用されたギリシャ語の語彙《い》からも推定できるが、文章の流れのぎこちなさや意味の矛盾などから類推することができる。一般的には、元著者の思想は正統派に符号しているとは言えず、その頃すでに現れ始めていたキリスト教グノーシス思想の傾向も著者自身含みつつ、かなり個性的である。しかし編集者は、正統的立場からは修正の必要を感じ取り、かつ形成されつつあるドグマに影響され、正統派教会の権威のもとに加筆を余儀なくされたのであろう。あたかもマルコに手を加えたマタイとルカの存在が、ヨハネの編集者の存在であり、それ故、最初に書かれたマルコと元々のヨハネは、より興味深くより面白いと言っても過言ではない。

2　イエスの怒り①

キリスト教グノーシス派が、イエスが神であったと認識するものの、我々と同じ人であったことを否定し、言わばイエスの身体を幻の如くみなす仮現説を唱えた。それに対し、キリスト教正統派は、イエスは「まことの神」であり、かつまた「まことの人間」であることを主張する。その主張が確信に至るためには、やはり「史的イエス」すなわち歴史の中で現実に生きた生身のイエスに迫らねばならない。そのための最も信頼性のある史料は、今まで述べてきたことから明らかなように、正典福音書に頼らざるを得ない。そこで正典福音書の成立の歩みを踏まえながら、人間特有の感情である「怒り・悲しみ・喜び」について、正典福音書はどのように語っているか吟味してみよう。

まずは「怒り」について検証しよう。イエスの怒りが登場するのは次の二カ所である。(i)マルコ一章四一節と(ii)マルコ三章五節であるが、どういう場面でイエスが怒っているか、今日多くの読者が手にしている『新共同訳・聖書』を見てみよう。

(i)さて、㋑重い皮膚病を患っている人が、イエスのところに来てひざまずいて願い、「㋺御心ならば、わたしを清くすることがおできになります」と言った。イエスは深く憐れんで、手を差し伸べてその人に触れ、「よろしい。清くなれ」と言われると、たちまち重い皮膚病は去り、その人は清くなった。イエスはすぐにその人を㋩立ち去らせようとし、厳しく注意して、言われた。……（マルコ一の四〇〜四三。傍線・点線・記号は筆者による。）

この箇所の新共同訳は翻訳上多くの問題を含む。一つは㋑「重い皮膚病」である。拙著『寅さんとイエス』で詳しく述べておいたが、ここは抽象的な「重い皮膚病」ではなく、ギリシャ語のλέπρα（レプラ）という具体的な病気であり、従来癩《らい》病と訳されてきた。今は差別語として使わなくなったが、病名自体が悪い訳ではなく、癩病の人たち、またその家族が背負わされてきた苦悩と絶望の差別の歴史に問題があるのだ。そしてイエスが癒《いや》したのは、決して抽象的な「重い皮膚病の人」ではなく、具体的な悲惨な生涯を余儀なくされたレプラの人々である。

新共同訳のもう一つの問題は㋺「御心ならば」という訳である。ここでこの病者のイエスへの願い方は「お望みならば、あなたは私を清くすることがおできになります」であり、無理かも知れませんが、あなたがその気になれば私を清めることができると思うのですが、どうかその気になって治してくれませんか、といかにも弱々しく遠回しに願っているのであり、「御心ならば」と訳すとそのニュアンスが伝わりにくい。マルコ福音書のイエスは、全幅の信頼をもって願うのではなく、そうした生温《なまぬる》い遠回しの言い方をひどく嫌う。

マルコ九章の一四〜二七節の件《くだり》においても、幼い時から悪霊に取り憑《つ》かれた息子がいて、悪霊はその息子を押し倒し、あわを吹かせ、火や水の中に投げ入れて滅ぼそうとする。この悪霊をイエスの弟子たちに追い出してくれるよう願ってもできない。そこでイエスに息子と私たちを助けてくださいという願いである。二二節のその願い方が問題である。「もしできますならば、私たちを憐れんでお助け下さい」。この願い方にカッときたイエスは「もしできますならば、と！信じる者にはどんな事もできる」と強く言い切る。

新共同訳の問題点を二つ挙げた。一つは㋑「重い皮膚病」という訳。二つ目は㋺「御心ならば」という訳であり、この訳ではこの願いに反応するイエスの感情、すなわち後述するイエスの「怒り」に繋がりにくい。新共同訳の三つ目の問題点もイエスの怒りと密接に関わる。

その箇所は、イエスはすぐにその人を㋩「立ち去らせようとし、厳しく注意」（新共同訳）する場面である。ギリシャ語は逆で「厳しく注意」して「立ち去らせようと」するの順序であるが、訳自体もまずい。「厳しく注意する」と訳しているギリシャ語 ἐμ（ἐν）＋ βριμάομαι（エンブリマオマイ）は、馬などが鼻を鳴らすといった原義があり、怒りに伴って吐かれる息というか唸《うな》りの表現であり、「厳しく注意する」では今一つ弱く、「憤《いきどお》る」とか「叱りとばす」くらいが適切である。さらに「立ち去らせようと」と訳しているギリシャ語エクバッロー、ἐκ-βάλλω（投げつける）は追い出すの意であり、イエスはこのレプラの人をすぐに「追い出した」のである。

　この場面は、イエスの激しい感情が見え隠れしており、以上のような新共同訳では激しさが伝わらず生ぬるい印象を受けるが、更にもう一つ取り上げねばならない極めて重要な箇所が残されている。それは今まで指摘した点線部分（㋑㋺㋩）とは別に、実線を施した箇所である。すなわち、「イエスは深く憐れんで、手を差し伸べてその人に触れ」の部分である。実線部分のギリシャ語は σπλαγχνίζομαι（スプランクニゾマイ、一般的に「憐れむ」と訳される。「よきサマリア人」や「放蕩息子」の譬え話の、よきサマリア人や父親の感情に使用されている動詞である。）であり、新共同訳の「深く」は余計である。しかし問題はそこではなく、「写本」そのものの問題である。というのは、写本によっては σπλαγχνισθείς（スプランクニスセイス、憐れむ）ではなく、ὀργισθείς（オルギスセイス、怒る）が使用されている。

　この箇所で「怒る」を採用している写本は「西方型」写本であるが、ここで一まず写本について述べ、その後再びイエスの怒り㈡に戻ってこよう。

3　新約聖書の写本

聖書のオリジナル（例えば「マルコによる福音書」なら、著者マルコ自身が書いた最初の原本）などもちろん何一つ残ってなく、すべては写本によって運ばれ、今日の形を取っている。新約聖書に限ってみても、問題は写本の数が夥《おびただ》しく、どの写本を採用するかで翻訳も異なってくる。そのオリジナル（大本《おおもと》の原文）に辿り着く作業を聖書学者は「正文批判」（異なった写本のいろいろな読みを比較し、批判検討しながら、より「原文」に近い読みを見極めてゆく作業）と呼び、長年に亘り多くの学者の砂を噛むような作業によって研究成果は徐々に蓄積されてきた。例えば今では「マルコ福音書」の一章四一節の本文は何という写本を採用したか、その具体名が記され、かつ本文以外の異読（異なった読み）の写本名、更には採用した本文の信頼度まで記載された便利なギリシャ語聖書がある。それは通称「ネストレ」と呼ばれ、**Eberhard Nestle** が一八九八年に最初に発行し、版を重ね、今日では共同編集者 **Kurt Aland** の名を加え、二〇一二年に「ネストレ＝アーラント」第二八版が世に出ている。このギリシャ語新約聖書は、もともとはドイツ版であるがアメリカ版もほぼ同じ内容で出版されており、私がカナダのオタワで勉強していた頃、キリスト教書店に行き神学生であることを証明すれば、結構高価なこのギリシャ語聖書を快く無料でくれたものだ。これは新約聖書を研究する者にとって必須道具である。

写本には大文字写本と小文字写本があり、大文字写本の方がより重要である[10]。大文字写本、小文字写本というのは、ギリシャ語の大文字か小文字かの違いであるが、本文に句読点が打ってあるわけではなく、章や節もなく、ただ文字が切れ目なく連なっているだけである。そこから当然無意識の誤った書写も生じる。次に重要な大文字写本を挙げておこう。

・「バチカン写本」。B—03で表記される。3の前の0は大文字写本を表す。四世紀のもので、バチカン博物館所蔵である。ヘブライ書の九章一四節後半から一三章まで、牧会書簡とフィレモンへの手紙、黙示録等が欠けているが、七十人訳旧約聖書も含む厖大な写本である。

・「シナイ写本」。ヘブライ語のアルファベットの最初の文字アーレフを用い、א—01で表記。四世紀前半のもので、ロンドン大英博物館所蔵である。新約聖書の全体を含み、七十人訳旧約聖書も含む。

・「アレクサンドリア写本」。A—02で表記。大英博物館所蔵。五世紀の写本で、新約聖書の全体（マタイ等に欠損）及び旧約聖書を含む一冊本である。

・「エフラエム写本」。C—04で表記。五世紀の写本で、パリ国立図書館所蔵。欠損を含むが新約聖書全体の写本である。

・「ベザ写本」。D—05で表記。五世紀の写本で、ケンブリッジ大学図書館所蔵。福音書と使徒行伝のみで、ギリシャ語とラテン語の対訳になっている。

・「クレルモン写本」。D—06で表記。六世紀の写本で、パリ国立図書館所蔵。パウロ書簡のみで、ギリシャ語とラテン語の対訳になっている。

・「コリデティ写本」。Θ—038で表記。九世紀の写本で、グルジア共和国の首都トビリシ市所蔵。マタイの一部を欠く福音書の写本である。

その他にも、H—015、L—019、T—029、W—032等があるが、この中で重要なのはW—032で、五世紀の写本である。ワシントンのスミソニアン博物館所蔵で、マルコとヨハネの一部欠損の四福音書の写本である。

以上の如き大文字写本よりも更に古い写本も存在し、通称「パピルス」と呼ばれ、P1からP99まであり、特に重要な写本はP45でチェスター・ビーティ・パピルスと呼ばれる。P45は二五cm×二〇cmのパピルスが約三〇枚残っている。四福音書と使徒行伝の写本で、多帖本という、紙を一枚ずつ真中で折り、それを積み重ねて綴じたものであった可能性がある。Chester Beattyという学者が一九三〇年頃発見した、極めて重要な写本である。ダブリンの図書館が所蔵するが、一部がウィーン博物館にもある。

「パピルス」の中で最も古いものはP52で、マンチェスターのジョン・ライランヅ図書館所蔵で、極めて小さな断片の表裏の文字から、ヨハネ一八の三一〜三四と一八の三七〜三八の一部であることが一九三四年に判明した。これが新約聖書の写本の現時点での最古のものであるが、有力な仮説として一二五年頃の写本と想定されている。しかし、先にダ・ヴィンチ・コードの件で述べたように、クムラン第七洞窟で発見されたギリシャ語断片がマルコ六章の一部だとするオカラハン神父の仮説が正しいことが裏付けられたなら、このマルコがさらに古く、五〇年代、いや四〇年代の可能性すら出てくる驚くべき事態になる。

次に小文字写本であるが、八世紀末から九世紀はじめに出てくる。特に十一世紀から十五世紀のものが多く、断片も含め今では夥しい数の写本が知られており、K・アーラントによると、二八五六を数えている。大文字写本の前には0が付いたが、付いていないのが小文字写本でf[1]とf[13]が重要である。fは家族（family）を意味する。

大文字写本、小文字写本といったギリシャ語の写本だけでなく、ラテン語やシリア語訳の聖書の写本、あるいは修道院で共同の祈りのために用いられた聖句集に引用された聖書の写本など、それらもすでに詳細に調べられている。あるいはまた、二世紀、三世紀の教父テルトゥリアヌスやオリゲネスやキュプリアヌスらの書物の中で引用される聖書の箇所がどの写本を基にしているかも検証済みである。

4　イエスの怒り②

写本についてやや詳しく語ってきたが、それはマルコ一の四一の翻訳が「憐れむ」か「怒る」か、大きく異なる二つの感情ながら、写本の読みも二通りあるということ、そして日本語のみならず、多くの現代語は「憐れんで」を採用しているが、西方型写本は「怒って」を採用しているという話から、どうしても写本について述べる必要が出てきた次第だ。では西方型とは何なのか、あと少し写本について付加しておこう。

西方型とか西方系というのは、今まで挙げたような夥しい数の写本を四つにグループ分けしたものの一つである。**Bruce M.Metzger** に基づくその分類は、アレクサンドリア型（エジプト型）・西方型・ビザンチン型（コイネー型）・カイサリア型である。ただしカイサリア型はマルコ福音書にのみ存在する。

西方型のギリシャ語写本は西ヨーロッパに普及し、そこから西方型と呼ばれるようになり、その代表は大文字写本のＤ（ベザ写本）である。メッツガーのリストによると、西方型に属する福音書は、【Ｄ、Ｗ（マルコ一の一〜五・三〇）、０１７１、古ラテン訳、**Syr**^{s}、**Syr**^{c}（一部）、初期のラテン語教父】が挙げられ、**Syr**^{s} はシリア語訳で、右肩の小さいｓはシナイ半島で発見されたためのｓであり、ｃの方は **V.Cureton** なる人物が公刊した写本のため小さいｃが付されている。

新約聖書のある箇所について、アレクサンドリア型・西方型・ビザンチン型の三通りの読みが可能の場合、大多数においてアレクサンドリア型が本文として優先されるが、例外的に西方型の読みの方がオリジナルに近い場合もある。

また一般的傾向として、アレクサンドリア型に属するＢ（バチカン写本）と**ℵ**（シナイ写本）が最も信頼され、両者が一致しておればほぼ問題なくその読みが採用され、一致していない場合はＢの方が採用される。

さて、当面の課題、マルコ一の四一の読みであるが、西方型であるＤ（ベザ写本）及び少数の読みは「怒って」（ὀργισθείς）であり、アレクサンドリア型であるＢも**ℵ**も多数の写本が「憐れんで」（σπλαγχνισθείς）である。写本の数の多数決で判断しても、あるいは通常重視する写本の傾向からしても、「憐れんで」が有利であり、案の定、日本語聖書もほぼ悉《ことごと》く「憐れんで」と訳している。しかし、ここでは安易に軍配を「憐れんで」に上げてはならず、「物言い」の待ったをかけねばならない。

先に述べた『ネストレ＝アーラント　ギリシャ語新約聖書』には、本文の読みに対応する異読（写本の異なった読み）が記載されており、その欄を通常「アパラトゥス」と呼ぶ。そして、前に述べたように本文の読みを採用した、その確かさの度合いまで記されている。これもメッツガーによって為された仕事であり、鵜呑みにはできないものの、大いに参考になる。その記号は〔A〕＝本文に採用した読みがほぼ確かである。〔B〕＝アパラトゥスの異読の方が本文であるかもしれない。〔C〕＝どちらを採用すべきかかなり疑問である。〔D〕＝非常に疑問の度合いが高いもの。この識別によると、今問題にしているマルコ一の四一にどの符号が付与されているかというと、テクストの本文は「憐れんで」を採用しているが、アパラトゥスに「怒って」という異読を指摘し、かつ等級は〔D〕である。すなわち、「憐れんで」を採用するか「怒って」を採用するか、非常に疑問の度合いが高いという判断である。

以上長々と写本の問題を検討してきたが、ここまでで言えることは、マルコ福音書一章四一節は、イエスが「怒って」手をのばし、レプラの男に触った可能性が十分にあるということである。ここからは、「憐れんで」の可能性よりも、「怒って」の可能性の方がより高いことを証明してみよう。

興味深いことに、マルコが書かれてから、マルコを見ながら数十年後に書かれるマタイとルカは、その並行箇所（同じ出来事を記した箇所）を以下のように書き換えている。

マルコ　イエスは［（ａ）憐れみ（ｂ）怒り］手を伸ばしてその男に触り、言う……

マタイ　そして手を伸ばしてその男に触り、言った……（八の三）

ルカ　そして手を伸ばしてその男に触り、言った……（五の一三）

一目瞭然であるが、マタイとルカはみごとにイエスの感情（憐れみにせよ怒りにせよ）を削除している。

そこで我々は推測するのだが、もともとの原文が「憐れんで」になっている時、それをわざわざ「怒って」に修正する可能性と、逆に原文が「怒って」になっているものを「憐れんで」に修正する可能性とを考える時、明らかに後者の可能性の方が高い。マタイとルカは「怒って」では違和感を覚えたのか、書き換える代わりに、イエスの感情そのものを削除してしまったと考えられる。かつまたマルコ福音書自体においても、もともとオリジナルが「怒り」であったものを写本の段階で「憐れみ」に書き換えた可能性が高い。

ではなぜイエスは怒ったのか。それは先述したように、イエスに願う男の、イエスへの全幅の信頼の欠如、煮え切らない態度に対する怒りである。怒ったが故に、その後に続く四三節で「きつく叱りつけて、すぐに追い出す」のである。

イエスがきつく叱りつけたもう一つの可能性が考えられる。イエスの時代、いやそれ以前からレプラとの接触について旧約聖書のレビ記などに事細かい規定が記載されている。古代人にとってはこの病は不可解で、よくわからないが故に恐ろしい伝染病として患者の側も人々との接触を避けていた。そうしたレプラの人が日常町中を歩くことも許されない現状の中で、もし人々がこのレプラの人に気づけば投石により追いやりかねない。そこでイエスはきつく叱りつけて、この場を去るように促したのかもしれない。その場合は、当時の社会通念からこのレプラの人の身の危険を案じ、もう癒されたのだから、もたもたせず早くこの場を立ち去りなさいという気持ちを込めて「叱り飛ばした」（一章四三節）のであり、一方一章四一節の「怒り」はやはり、この病者のイエスへの信頼の欠如に対する怒りであろう。

マルコ福音書において、イエスの怒り（ὀργή オルゲー）が現れるのは(i)一章四一節の他に(i)三章五節である。この箇所もマタイとルカがマルコをどのように削除あるいは加筆しているかを示してみよう。ここでも多くの人が使用している「新共同訳」の三章一節から六節を記し、イエスの怒りのコンテクストを見ておこう。

(i)イエスはまた会堂にお入りになった。そこに片手の萎《な》えた人がいた。人々はイエスを訴えようと思って、安息日《あんそくび》にこの人の病気をいやされるかどうか、注目していた。イエスは手の萎えた人に、「真ん中に立ちなさい」と言われた。そして人々にこう言われた。「安息日に律法で許されているのは、善を行うことか、悪を行うことか。命を救うことか、殺すことか。」彼らは黙っていた。そこで、イエスは怒って人々を見回し、彼らのかたくなな心を悲しみながら、その人に「手を伸ばしなさい」と言われた。伸ばすと、手は元どおりになった。ファリサイ派の人々は出て行き、早速、ヘロデ派の人々と一緒に、どのようにしてイエスを殺そうかと相談し始めた。（傍線及び点線は筆者）

以上の状況を頭に入れながら、この出来事の並行箇所を比較してみよう。

マルコ　そして怒りをもって彼らを見まわし、彼らの心の頑《かたく》なさを痛み、その人に言う……（三の五）

マタイ　その時、その人に言う……（一二の一三）

ルカ　そして一同を見回し、その人に言った……（六の一〇）

この箇所でもマタイとルカは、みごとにマルコが注意深く描写しているイエスの「怒り」を削除している。当時「安息日」の掟は極めて重要で、安息日（ユダヤ教において、金曜日の日没から土曜日の日没まで一切仕事を休み、宗教儀式を行う日）には医療活動も固く禁じられていた。しかしイエスにとっては眼前に居る苦しんでいる人、悲しんでいる人の癒しの方が安息日の戒律に優先した。ところがその人の苦悩を置き去りにし、法律の細かい解釈を盾《たて》にして、イエスの行為に介入しようとしてくる者らへのイエスの怒りである。眼前の病者に対し、この犯し難い安息日にイエスはどのような行動を取るかと監視し、場合によってはイエスを告訴して殺害しようとする

（点線部分）、宗教規律にがんじがらめの敬虔な輩《やから》に対する怒りであり、そうした社会的構造悪へのイエスの挑戦に対して足を引っぱろうとする連中への憤りである。マルコがそうした生々しい現実の矛盾に反抗するイエスの姿勢を描こうとして、この場面でのイエスの「怒り」を率直に描写したのに対し、マタイもルカも、怒りを救世主にふさわしくない感情と考えたのか、「怒り」をあっさり削除し、より上品なイエス像に書き換えている。

結論として、マルコ福音書一章四一節の、マルコの元来の本文（オリジナル）は、「怒って」であった可能性が高い。マルコのオリジナルであった「怒り」が、マルコが書かれて数十年後の、マタイやルカの執筆段階で、「怒り」は救世主に不釣り合いと見なし、バッサリ削除されたのであろう。かつまたマルコの「写本」の段階で、一章四一節の「怒り」が、いつしか「憐れんで」に、多くの写本が修正したということであろう。しかし一方で西方型のベザ写本（D）のように、オリジナルのまま「怒って」を採用した写本がいくつか残されたという事は貴重な現実である。

新約聖書の一般的現実は、時が経つに従って、生きたイエスの実像よりも、信仰の対象としてよりふさわしい、より上品なイエスに、あるいは、よりキリスト論的称号を冠したイエス像に作り上げられる方向に進んで行った。

『マルコによる福音書』の一章四一節という一つの箇所に注目するだけでも、日本語のみならず、各国の現代語の大多数は、この箇所の写本の読みを、「怒って」ではなく「憐れんで」を採用しており、生《なま》のイエスの素顔、魅力あふれるイエスの実像から遠ざかっていると言っても過言ではなかろう。

「怒り」と「憐れみ」の関連について、興味深い事柄に触れておこう。救世主（メシア）であり、キリスト（油塗られた者）であり、神の子であり、主《しゅ》である（これらは四つともキリスト論的称号）イエスにふさわしくない感情としてマタイやルカが削除した「怒り」の感情は、必ずしも人間としての悪しき感情ではなく、「正しい怒り」も存在し、かつまたその怒りは「憐れみ」と密接な関係にあることを、トマス・アクィナスは『神学大全』（スンマ）の中で指摘している。トマスは「怒りは憎しみよりひどいか」を扱った項目の中で、次のように論じている。傍線と点線は筆者による。

「㈠については、それゆえ、こういわなくてはならぬ。怒りと憎しみにあっては二つのことを考察できるのであって、すなわち、欲望の対象となっているものごと、および、その欲望の強さ、がそれである。いま前者に関していうならば、憐れみをもつのは、憎しみよりも寧ろ怒りのほうである。なぜなら、憎しみは、他人の悪を、それ自体として望んでいるから、どのような尺度の悪にも満足することがない。じっさい、それ自体に即して欲求されるものは、アリストテレス『政治学』第一巻にあるように、何の尺度もなく欲求されるのであって、例えば、貪欲なひとが財貨を欲求する場合がこれである。『集会書』第一二章一六節に『敵は、その機会さえ見つけるなら、殺戮を繰り返して満足することがないだろう。』と述べられている理由も、こうしたところにある。――しかし、怒りが悪を望むのは、正しい仕返しを行うという観点のもとに他ならない。だから、怒った当人が、相手に加えた悪がもう正義の尺度を超える、と自分で思うときには、相手を憐れむ。アリストテレスが『修辞学』第二巻において『怒ったひとは、相手に対してやるだけやってしまうと、憐れむであろう。しかし、憎んでいる人は、どんなことがあっても決して憐れむことはしない。』と語る所以《ゆえん》である。」(II-I,q.46,a.6,ad1)(11)

「イエスの怒り」についての考察の最後に、ギリシャ語自体はマルコ一の四一及び三の五と異なるが、イエスが「憤った」(ἀγανακτέω アガナクテオー)場面をもう一つ示しておこう。その箇所はマルコ一〇の一三～一四で、並行箇所はマタイ一九の一三～一四、ルカ一八の一五～一六である。ここでもマルコを手元において筆を執っているマタイとルカがどのようにマルコを書き換えているかを確認しておこう。傍線と点線、( )内は筆者による。

マルコ　イエスに触れてもらおうと、子供らが彼のもとに連れて来られる。ところが弟子たちは彼らを叱りつけた。イエスはこれを見て憤り、弟子たちを叱りつけて(カイサリア型写本)言った、「子供らが私のもとに来るのをそのままにしなさい。この者らを妨げるな。神の国はこのような者らのものだから。……

マタイ　その時、イエスに手を置いて祈ってもらおうと、子供らが彼のもとに連れて来られた。ところが弟子たちは彼らを叱りつけた。イエスは言った、「子供らをそのままにしなさい。私のもとに来るのを妨げるな。天の国はこのような者らのものだから。……

ルカ　イエスに触れてもらおうと、赤ん坊が彼のもとに連れて来られる。ところが弟子たちはこれを見て彼らを叱りつけた。しかしイエスは赤ん坊を呼び寄せて言った、「子供らが私のもとに来るのをそのままにしなさい。この者らを妨げるな。神の国はこのような者らのものだから……

この件《くだり》でも、マルコ福音書における、イエスの弟子たちへの端的な「憤り」の描写を、マタイもルカもみごとに削除している。また、点線部の「叱りつけて」はカイサリア型写本にのみあらわれ、意味の重複を避けてか、他の写本は削除しているが、通常重複的表現を苦としないマルコ的傾向からすると、この重複は不自然ではない。子供らを無下に扱う弟子たちに我慢ならず、当時見向きもされなかった子供らに温かい視線を向ける「史的イエス」を想い巡らしつつ（例えば、イエスは神に向かって、アラム語の幼児語で「アッバ、父さん」と呼びかけた。）、マルコが「憤り、叱りつけて」と表現したものと理解する時、重複的表現を残したカイサリア型写本の方が、よりマルコ福音書のオリジナルである可能性が高い。

以上「イエスの怒り」について、新約聖書の写本の説明を加えながら話を進めてきたが、そこから見えてきたことは、『マルコによる福音書』が伝えてくれる、いわば「史的イエス」の風貌である。そこに我々は、キリスト教が伝える信仰の対象にふさわしい上品で落ち着いたイエス像の奥に、生《なま》のイエスの覇気《はき》、イエスの矜持《きょうじ》、人間として「最高に人間らしい神」（Deus humanissimus）の姿を読みとることができる。

また、先ほどの場面から、イエスの「怒り」だけでなく、後に述べるイエスの「笑い」も手に取るように、浮かび上がってくる。近づく子供（ルカでは赤ん坊）に対し、イエスは確実に抱き上げ、子供と微笑みを交わしたに違いない。

「イエスの怒り」に続き、「苦しみと悲しみ（涙）」及び「喜び」を考察し、更にイエスの「ユーモア」を経て、本書の目的であるイエスの「笑い」に筆を進めてゆこう。

5 イエスの苦しみ・悲しみ・喜び

怒るイエスについて詳しく述べたが、正典福音書に現れるイエスの他の感情、苦しみや悲しみ、そして喜びについて簡潔に述べておこう。

苦しみと悲しみは、ギリシャ語においてその区別が困難である。動詞は λυπέω（リュペオー）であるが、その意味は［苦しめる・悲しませる・悩ませる］であり、名詞の λύπη（リュペー）は［苦痛・悲哀・苦悩］である。日本語訳のみならず、各国の現代語訳は多く「悲しみ」を採用しているが、「苦しみ」と訳しても差し支えなく、その方が相応しい場合が多い。

その該当箇所を指摘しておくと、接頭語の συν（συλ）を伴ってマルコ三章五節「彼らの心のかたくなさを痛み（悲しみ）」で使用され、またゲッセマネにおいて、イエスは目前に迫った受難を予感し、ペトロ、ヤコブ、ヨハネを前にして「我が魂（ψυχή プシュケー）は死ぬほどに苦しい（悲しい）」と吐露する場面（マルコ一四章三四節）では、接頭語の περι を伴い περί-λυπος（ペリリュポス）なる形容詞が使用されている。並行箇所のマタイ二六章三八節も同様であり、直前の三七節においても困惑し（ἀδημονέω アデーモネオー）始めたイエスの描写に λυπέω を用いている。

以上、並行箇所を含め、イエスの苦しみ（悲しみ）を表現するリュペオーないしその派生語が使用されている箇所は四カ所で、その他、イエスの苦悩に関連するギリシャ語に ταράσσω（タラッソー）があり、混乱する、動揺するの意味のもとに、ヨハネ一一章三三節のラザロの死の場面で「みずから混乱（動揺）して」、「ラザロをどこに葬ったか」と尋ねる場面、またヨハネ一二章二七節で、イエスがフィリポとアンデレに応えて「今わたしのプシュケー（魂、精神）は混乱している。……」と語る場面、さらにヨハネ一三章二一節の最後の晩餐での言葉の中で「霊（πνεῦμα プネウマ）にて混乱し」つつ語った場面、以上ヨハネ福音書にのみ三カ所で使用されている。

同じヨハネ福音書の中に、以前マルコ福音書においてイエスが叱りとばす場面（一章四三節）で使用された ἐμ-βριμάομαι（馬などが鼻を鳴らすが転じ、激しく息をして怒るなどの感情を表現する）が、ヨハネ一一章三三節と三八節の二カ所で用いられている。

さらに、イエスの苦悩を表現する他のギリシャ語として ἀδημονέω が、マルコ一四章三三節とその並行箇所のマタイ二六章三七節で使用されている。

ずばりイエスがもだえ苦しむ、苦悶を表現するギリシャ語 ἀγωνία（アゴーニア）が、新約聖書で一度だけ、ルカ二二章四四節で使用されているが、四三節と四四節は古い重要な写本の中には入っていない。すなわち、新共同訳でも［ ］を付して、「すると、天使が天から現れて、イエスを力づけた。イエスは苦しみもだえ、いよいよ切に祈られた。汗が血の滴るように地面に落ちた。」と訳している部分である。以前、写本の項目で説明した、ネストレのギリシャ語聖書においても、この部分には二重の〚 〛が付され、ルカのオリジナルにはないことは確実であることを示している。

ちなみに、悲しみに付随する「涙」であるが、ヨハネ一一章三五節におけるラザロの死の場面でイエスは涙を流す（δακρύω ダクリュオー）。また、ルカ一九章四一節で、都であるエルサレムに近づいた時、この都を見て嘆いて（κλαίω クライオー）語る場面がある。多くの翻訳はイエスを泣かしているが、この語は嘆く、叫ぶ、泣く、どれも可能である。涙の可能性は、福音書においては、以上の二カ所であるが、新約聖書の正典二十七書に含まれる「ヘブライ人への手紙」五章七節には、以下のような件《くだり》でイエスの「涙」（δάκρυ ダクリュ）が記されている。

キリストはその肉の日々（この世におられた時）には、自分を死から救い出すことのできる方（神）に、大きな叫びと涙をもって、祈りと嘆願をささげ、この敬虔の故に聞き入れられた……（傍線及び括弧内は筆者による）

イエスの「苦しみ、悲しみ（涙）」に続いて、この項目の最後に、正典福音書におけるイエスの「喜び」についてみておこう。

イエスの喜びに関しては、福音書に限ると、χαίρω（カイロー）というギリシャ語がヨハネ一一章一五節のラザロの死の場面で使用され、「ラザロは死んだのだ。私がそこに居合わせなかったことを、あなた方のために私は喜ぶ。あなた方が信じるためである。……」と語り、これから起こるであろう不思議な出来事、生き返るラザロを目の当たりにすることによって、人々がより確固と神を信じるために、その時はイエスがその場に居なかったことをイエスは喜んでいる。
喜びを表現する他のギリシャ語 ἀγαλλιάω（アガッリアオー）がやはりヨハネ福音書の二カ所で用いられ、一五章一一節では「私がこれらのことを語ったのは、私の喜びがあなた方の中にあり、あなた方が喜びで満たされるためである」と語り、一七章一三節では「今や私はあなた（神）のもとに参ります。このことを世で語るのは、私の喜びが彼らの中に満ちあふれるためです」（以上傍線及び括弧内は筆者）と語っている。
福音書としてはもう一カ所 ἀγαλλιάω がルカ一〇章二一節で使用され、ここでは小躍りするほどに喜ぶイエスが伝わってくる。

その時イエスは聖霊によって喜びにあふれ、「父よ、天地の主よ、あなたを賛美します。これらのことを知恵のある者や賢い者から隠し、幼子に顕わしてくださったのですから。そうです、父よ、こうすることがあなたの前で良しとされたのです」。（傍線は筆者）

イエスの喜びの最後に、C・ジュルネ著『知られ知られざる神[12]』の中の「愛の秘教」なる項目において、このイエスの「喜び」のメッセージに込める深淵が語られている。日本語訳は絶版のため、入手困難ゆえ、以下に「愛の秘教」なる項目を記しておこう。

しかし、この「知ある無知」は、少数の精通者や学識者にだけしか伝えられない一種の秘境の如きものではない。それは、あらゆる人々に、乞食にも流刑者にも心の貧しい人々にも、精神は偉大でありながら肉において苦しむ人々にも、一様に隔てなく呈示されているのである。「天と地の主である父よ、私はあなたに感謝します。あなたは、これらの事柄を知恵ある人や賢い人々に隠され、かえって小さな人々に示されました。父よ、そうです。あなたは、そのように望まれたのです」（マタイ一一の二五〜二六）。

アンリ・ブレモン（Henri Bremond，一八六五〜一九三三年）は、ドフィネにおける改革女子シトー会の創立者が、まだボンソナで牛を飼っていた少女の頃のエピソードを語っている。「一見その少女は、非常に粗野であって、神に関して全く知識を持ち合わせていないようだった。修道女は、少女を自分の側に坐らせ、優しく教え始めた。……この驚くべき少女は……目に涙をいっぱいためながら、修道女に向かって、主の祈りを終わらせるためにはどうすればよいのか教えてほしい、と願い、そして山出しの言葉で言うのであった。『私は、どうしても主の祈りを終えることができません。五年位前から、我らの父よ、とお祈りを始める時、（天を指しながら）あの高い高い所におられる方が、私のお父さんのように思えて泣けて来るのです。そして、そのようにして、一日中牛を飼いながら過ごしてしまうのです』[13]」。

もしこれを指して秘教といわねばならないのなら、それは、人間的理解や人間的努力によるところの秘教ではなく、神の愛の秘教、高所をこぼち谷を埋める恩寵の選みと予定によるところの秘教である。それによって、最後の者が最初の者となり、貧しき者が富める者となり、愚かなる者が知恵ある者となるところの秘教である。

第四章

正典福音書におけるイエスの〈ユーモア〉

第三章において、正典福音書に登場する「怒るイエス」、「苦しみ、悲しむ（涙を流す）イエス」、「喜ぶイエス」を、それぞれに該当するすべての福音書の箇所のギリシャ語を踏まえながら確認してきた。また一方で、「笑うイエス」の、正典福音書における「笑い」に該当するギリシャ語の欠如も確認した。この事実を前提にしながら、イエスの笑いに挑戦してみよう。まず、笑いの誘引ともなるユーモアに関し、拙著『寅さんとイエス』ですでに吟味した事柄も踏まえつつ考察してゆこう。

1 「ユーモア」という言葉

ユーモアという語は、英語を通して坪内逍遥により明治の中頃から使われ始め、次第に定着しつつ今日に至っている。元々はラテン語に由来する言葉である。ラテン語の **humor** は、古代ギリシャの医師ヒポクラテスに基づき、人間の身体に流れている四種類の液体を指す。四種が適切に混じっている状態が健康な状態であり、均衡が破れていると特異気質になる。

平凡社の『世界百科大事典』（一九九八）によると、そこから特異気質をもつ変わった人間を意味するようになり、さらに特異な気質の人々を描いて笑いを誘う劇「気質喜劇」という形でこの語が使われ、そこから変化して、そのような笑いを作り出す「滑稽さ・おかしみ」を表すようになる。フランスの英文学者カザミアンは「なぜユーモアを定義できないか」と題する論文を一九〇六年に書いており、それほどユーモアを定義することは容易ではない。

手元にある辞典の中から、「ユーモア」の項目の必要箇所を列挙してみると次のようになる。

・広辞苑（第六版）―上品な洒落《しゃれ》やおかしみ。諧謔《かいぎゃく》。
・三省堂国語辞典（第六版）―人間味のある、上品な・おかしみ（しゃれ）。
・大辞林（第三版、三省堂）―思わず微笑させるような、上品で機知に富んだしゃれ。
・日本語大辞典（第二版、講談社）―品のよいしゃれ・こっけい。暖かみのあるおもしろさ・おかしみ。
・旺文社国語辞典（第十版）―思わず笑いがこみあげてくるような、温かみのあるおもしろさ。上品な洒落。
・大辞泉（小学館）―人の心を和ませるようなおかしみ。上品で笑いを誘うしゃれ。諧謔。
・精選版日本国語大辞典3（小学館）―人を傷つけない上品なおかしみやしゃれ。知的なウィットや意志的な風刺に対してゆとりや寛大さを伴うもの。
・新明解国語辞典（第六版、三省堂）―社会生活（人間関係）における不要な緊迫を和らげるのに役立つ、婉曲表現によるおかしみ。矛盾・不合理に対する鋭い指摘を、やんわりした表現で包んだもの。

以上を整理してみると、ユーモアは「洒落やおかしみ、滑稽さ、面白さ」であるが、次のような形容句が伴う。「上品な」「人間味のある」「機知に富んだ」「思わず笑いが込み上げてくるような」「温かみのある」「人の心を和ませるような」「人を傷つけない」等である。それは才知を伴うウィットやエスプリ（フランス語で、機知に富んだ精神の働き）とは微妙に異なり、また相手を傷つける可能性があるジョークとも異なり、人間的なゆとりや寛大さ、人の心を和ませる温かさを伴うものである。

先ほど参考にした世界百科大事典に基づくと、イギリスの作家J・B・プリーストリーは、ユーモアを構成する重要なものとして、①皮肉（アイロニー）を感じとれる能力、②ばからしさ（不条理）を感じとれる能力、③ある程度の現実感覚、④愛情、の四つを挙げている。また『吾輩は猫である』の著者夏目漱石は、ヒューマー（ユーモアの英語に基づく表記）とは「人格の根底から生ずる可笑味《おかしみ》」であると言っている。

この大事典の執筆者小池滋は、ユーモアは感情的なものであり、矛盾や不条理を、論理ではなく直観と常識で処理しようとする生活の知恵であると指摘し、さらに、自分を客観視して笑いのめす余裕と、他者を完全に突き放すことなく、愛情によって自分と結びつける能力を兼ね備えてこそ、真のユーモアの持ち主になれると述べている。

こうしたユーモアに欠かせない要素をイエスは誰よりも豊かに身につけていることを確認する。ユーモアとは、他者を思いやる懐《ふところ》が深い人間、他者のみならず自己に対しても寛大である人間のみが備え得る特性であり、人生の悲しみや苦しみを潜《くぐ》り抜け、汗と涙で生き抜いてきた者こそが身に帯びる感覚である。それはインテリであるとか一流であるとか、学歴や職業に関係なく、また生まれつき備わった遺伝の問題でもなく、人間としての生き方全体に関わってくる事柄である。新明解国語辞典の定義に注目すると、①社会生活や人間関係における不要な緊迫を和らげるために、また②社会の矛盾や不合理を鋭く指摘するために、③婉曲表現、やんわりした表現で包み込んだおかしみこそユーモアである。これから述べるイエスの譬え話には①②③の三つの要素が含まれている。

そしてまた小池滋が指摘する、矛盾や不合理を論理ではなく直観と常識で処理する生活の知恵は、大工であったイエスが生きてゆく過程の中で自《おのずか》らに身につけた知恵であり、また自分を客観視して笑いのめす余裕も、人間というものの弱さや脆《もろ》さをいやというほど知り尽くし、一方で現実の冷たさを醒めた目で捉えていたイエスこその成せる業《わざ》であり、さらにまた、他者を完全に突き放すことなく愛情によって自分と結びつける能力も、他を圧倒するイエスの懐の深さから来るものである。

北森嘉蔵がその著『神の痛みの神学[14]』の中で、人のつらさのわからない人間は、浅い人間あり、味気ない人間であり、日本人らしくない人間であると喝破したが、他者のつらさを察知し得ない人間はまたユーモアの感覚を持ち得ない人間である。

悲嘆の底にある人々、絶望の淵にある人々をユーモアで包むことのできる人物は極めて稀《まれ》である。イエスの周辺に当時暗夜を彷徨《さまよ》う人々が集まって来たこと、そして社会から除け者にされていた人々は、イエスと一緒に食事をするだけで嬉しくて嬉しくて堪《たま》らず、街道に出て踊りたくなるほどであった事実こそ、イエスがユーモアの持ち主であったことを証明している。

歴史の中に生きたイエスが、いわばユーモアの塊《かたまり》であったればこそ、絶望のどん底にある人々が自《おのずか》ら近づいて来たのであり、子供らも、あるいは当時男性と気軽に対話をすることが許されなかった女性らも、無心に咲く花の周りを蝶が自ら舞う如く、近づいて来たのである。

2　放蕩息子の譬え話

㋑譬え話の変形と真意

ユーモアの特質に、矛盾や不合理に対する鋭い指摘を婉曲表現で包み込む、という側面があるが、この点に該当するのがイエスの譬え話である。

イエスの譬え話は、イエスの知恵と風貌を知るために絶好の材料である。しかし我々が知り得る材料、すなわち福音書の中に描かれた譬え話は、福音書に登場する以前にもうすでに大いなる変形を被《こうむ》っている。J・エレミアスは、日本語にも訳されている『イエスの譬え』や『イエスのたとえ話の再発見』[15]という書物の中で、譬え話を変形させる数々の要因について述べている。譬え話が伝承されていく段階での変形もあれば福音史家自身による変形もあれば、原始キリスト教の共同体の意向や信仰による変形もある。我々が知りたいのは、そうした変形以前の、生きたイエスがただ一度限りの具体的な状況の中で語った譬え話である。後にその変形の例の一つとしてルカ一六章一～八の「不正な管理人」の譬え話の箇所を詳細に検証してみよう。

原始キリスト教会が譬え話を教会運営に適用して変化させると、生きたイエスの具体的な一回限りの現場で発せられた新鮮な切り込みが鈍り、譬えの強調点が弟子や信徒への勧告になったり、あるいは寓意的（他の物事にかこつけて、それとなくある意味をほのめかすこと）解釈に転位したりする。

福音書を読んで興味深い箇所の一つは論争物語であるが、イエスは日常の論争の場でよく譬え話を用いた。直接論争相手を激しい言葉で遣《や》り込めるという方法ではなく、婉曲的表現として譬え話を用いた。そこには論争相手をも一人の人間として温かく包み込むイエスのユーモアが存在すると同時に、相手を自《おのずか》らにメタノイア（μετάνοια ギリシャ語で回心の意）へと導く鋭い刃《やいば》が潜んでいる。

㋺聖書的対話

聖書的対話の例として、旧約聖書のサムエル記Ⅱ（一一章、一二章）の愛欲に溺れるダビデ王の次の如き話を挙げることができる。

……その頃、ダビデが率いるイスラエル軍はアンモン人と戦っていた。ダビデはイスラエルの全軍を戦場に送り出し、自分はエルサレムに留まっていた。

ある日の夕暮れ、ダビデは午睡から覚め、王宮の屋上を散歩している。その時屋上から目に入ってきた光景は、一人の非常に見目《みめ》麗しい女が水浴びをしている姿である。ダビデは人を遣って女のことを尋ねさせる。その女は勇者ウリヤの妻バト・シェバとのこと。愛欲に溺れたダビデはウリヤの妻と床を共にする。そして女は子を宿してしまう。

そこでダビデはウリヤを戦場から呼び戻し、家に帰るよう命じる。家に帰ってウリヤが妻と床を共にすれば、自分の子であるとは誰にも気づかれずに済むと考えたからだ。ところがウリヤは王宮の入り口で主君の家臣と共に眠り、家に戻ろうとはしない。戦場で戦っている友を思う時、どうして自分だけ妻と寛《くつろ》ぐことができよう。そこでダビデはウリヤを食事に招き、酔わせて何とかしようと企むが、勇者ウリヤは決して家に帰ろうとはしない。

遂にダビデは最後の手段に出る。ウリヤを激しい戦いの最前線に送り出し、戦死させようとする。その結果、ダビデの望み通りウリヤは戦死する。夫の死を聞いたウリヤの妻は嘆き悲しむ。しかし喪《も》が明けるや、ダビデは彼女を王宮に引き取り妻とする。水浴びする美しい女に目が眩《くら》んでダビデ王がした事は、主なる神の心に適《かな》わなかった。

聖書的対話の妙味がみられるのはここからである。神は預言者ナタンをダビデのもとに遣《つか》わす。そして次のような譬えを語る。

「ある町に二人の男がいた。一人は豊かで、一人は貧しかった。豊かな男は夥《おびただ》しい数の羊や牛を持っていた。貧しい男は自分で買った一匹の雌の小羊の他には何一つ持っていなかった。貧しい男はその一匹の小羊を自分の子供と一緒に手塩にかけて育てた。同じ皿から食べさせ、同じ碗《わん》から飲ませ、彼の懐《ふところ》で眠らせ、まるで自分の娘のように育てた。ある日、豊かな男に一人の客があった。彼は訪れて来た旅人をもてなすのに、自分の羊や牛を使うことを惜しんだ。そして何と、貧しい男の小羊を奪い取り自分の客に振る舞った」。

ダビデは耳を澄ましてこの話を聞いた。そして小羊を奪った豊かな男に激怒して、預言者ナタンに言う、「主《しゅ》は生きておられる。そんな無慈悲なことをした男は死刑だ！」その時、まさにその時、ナタンの声が響いた、「その男はあなたです！」。

もしナタンがダビデの犯した罪を、直接責め立てていたなら、ダビデ王は怒ってナタンの命を奪っていたかもしれぬ。しかし、ナタンは静かに譬えを語った。ダビデはその話にじっと耳を傾けた。その譬え話の中に鋭い刃が隠されていることも知らず。

そしてダビデは正しい判断を下し、貧しい男のたった一匹の、大事な大事な小羊を奪った豊かな男に対して激怒した。預言者ナタンの「その男はあなたです！」の一言は、ダビデの魂に響き渡った。ハッと目が覚めたダビデ王の怒りの鼓動は収まり、真実の鋭い刃がダビデ自身の心の奥底に突き刺さり、メタノイア（回心）へと導かれた。

㈧放蕩息子の譬え話の構造

以上の聖書的対話の構造が、放蕩息子の譬え話にも含まれている。まず有名な「放蕩息子」の譬えを味わってみよう。場面(i)から(iv)の四つに分ける。

(i)取税人や罪人らがイエスの話を聞こうとして近寄ってくる。するとファリサイ派の人や律法学者らがイエスに対して文句を言う、「この人は罪人《つみびと》たちを受け入れて、食事まで一緒にしている」と。そこでイエスは次のような譬えを語る。（ルカ一五の一～三参照）

(ii)ある人に息子が二人いた。弟の方が父親に「お父さん、私に財産の分け前を下さい」と言う。そこで父は富を二人に分けてやる。それから幾日も経たぬうちに、弟は何もかもまとめ遠い国に旅立つ。そしてそこで放蕩の限りを尽くし、湯水のように富をばらまいてしまう。何もかも使い果たした頃、その地方で大飢饉が起こり、困り始める。そこでその土地の一人の住民の所に身を寄せたところ、この人は彼を畑にやり、豚の世話をさせる。彼は豚の食べるいなご豆で腹を満たしたいほどだったが、豚はゆずってくれない。

弟は我に返り、こう呟《つぶや》く、「父の所には大勢の雇い人がいて有り余るパンがあるのに、私はここで飢え死にしそうだ。ここを立って父の所へ行き、こう言おう、『お父さん、私は天に対しても、またお父さんの前にも罪を犯しました。もう私は息子と呼ばれる資格はありません。雇い人の一人にしてください』と」。こうして弟は立ち、自分の父のもとに行く。(一一〜二〇節参照)

(iii)ところが、まだ遠く離れているうちに、父親は息子を見つけ、憐れに思い、走り寄って首を抱き、何度も何度も接吻する。息子は言う、「お父さん、私は天に対して罪を犯し、またお父さんの前に罪を犯しました。もはや息子と呼ばれる資格はありません」。ところが父親は奴隷たちに言う、「急いで一番良い着物を持って来て、この子に着せなさい。それから手に指輪をはめ、足に履物を履《は》かせなさい。そして肥えた子牛を引いてきて屠《ほふ》りなさい。食べて祝おうではないか。息子は死んでいたのに生き返り、失われていたのに、見つかったのだ。そして祝宴が始まる。(二〇〜二四参照)

(iv)ところで、兄の方は畑にいたが、帰って来て家に近づくと、音楽や踊りの騒《ざわ》めきが聞こえる。

それで、しもべの一人を呼び、これはいったい何事かと尋ねる。しもべは言う、「弟様がお帰りになりました。無事な姿を迎え、お父上が肥えた子牛を屠《ほふ》らせました」と。するとは兄は怒って、家に入ろうともしない。それで父親が出て来て宥《なだ》める。しかし兄は父に言う、「このとおり、私は長年お父さんに仕え、言いつけに背いたことは一度もありません。それなのに私には、友人らと楽しむために、子山羊一匹すら下さったことはありません。ところが、遊女に溺れ財産を食いつぶして帰って来た息子のためには、肥えた子牛を屠っておやりになる」。

父親は言う、「お前はいつも私と一緒にいる。私のものは全部お前のものだ。だがお前の弟は、死んでいたのに生き返り、失われていたのに見つかったのだから、喜び楽しむのは当然ではないか」(一五〜三二節参照)。

この譬え話も、ファリサイ派や律法学者らに喧嘩をふっかけられた時に語ったものに違いなかろうが、イエスが現実の論争の場で譬え話を語る場合、次のような構造がみられる。

①まずイエスの日常の行為がある。もし仮に当時の常識や掟に反していても、眼前にいる弱っている人、苦しんでいる人、悲しんでいる人が普通の生活ができるように、人間として当然正しい事を正しい事として毅然と振る舞うイエスの行為がある。場面(i)の取税人や罪人、すなわち社会から差別され、疎外された人々とも楽しく陽気に食事を共にする行為である。

②既成概念の枠にしがみつき、枠からはみ出す者を排除しようとする、いわゆる敬虔な義人によるイエスの行為に対する批判が起こる。場面(i)のファリサイ派の人や律法学者らの、イエスへの誹謗中傷がそれに当たる。

③そこでイエスは譬え話を語る。その時イエスは、自分の行為を批判する者らの視線を、次の三者に向けさせる。

(イ)社会から差別された者、あるいは貧しく困窮している者。ここでは、放蕩の限りを尽くし、ボロボロになってしまった弟が該当する。

(ロ)批判者自身。ユーモアに関わってくるのはこの部分である。実際の現実生活の場で、イエスの行為を批判するファリサイ派の人や律法学者が、イエスが語る譬え話の中に登場してくる。ここでは、放蕩の限りを尽くしてどん底まで落ち、父親のもとに帰って来た弟を手放しで喜ぶ父の態度を、非難する兄が該当する。

(ハ)かくおわします神。神様とはこういうお方である、ということを示し、イエスが現に行っている行為の正当性を主張する。神は放蕩息子を迎える父親の如く、かくも寛大なお方である。自分が社会から除け者にされている取税人や罪人らと食事をしてどこが悪いのか。文句があるなら言ってみろ、という論法である。

以上の一連の構造の中に、相手を直接一喝のもとに退けるのではなく、また相手に無関心でもなく、オブラートで包みながら、既成概念の枠にしがみつく相手を、回心に導こうとするイエスのユーモアが隠れている。

㊁法華経「長者窮子」との比較

『ルカ福音書』の「放蕩息子」の譬えに含まれるイエスのユーモアを考察してきたが、この譬え話と類似する、興味深い譬え話が『法華経』の中にあり、キリスト教における「神の思い」と仏教における「仏の思い」を指し示しているので付記しておこう。

法華経の中に出て来る「長者窮子《ぐうじ》」の譬えの概要は以下の如し。

金持ちの若い息子が父を捨てて遠国に旅立つ。放浪の末、何処に行ってもうまくいかない。誰も相手にしてくれず、結局落ちぶれて乞食になる。どうしようもなく彷徨《さまよ》っているうち父の家の前に来るが、父の家とはわからない。その家の余りの豪華さに怯《おび》え、自分のような乞食の来る所ではないと恐がり、入ることを拒む。父の方は、息子が家を出てから憂い悲しみ、四方を探し回るが見出すことができず、疲れ果て、ある町に留まり富貴の生活を送っている。

父は我が子が帰って来た事を知り、呼び入れようとするが、びくびくして入ろうとしない。そこで一計を案じ、しもべに命じて息子を家に連れて来させる。しかし、父はすぐには親子の関係を明かさない。自分の息子がふさわしい者となるよう訓練したいと思い、草庵に住まわせ、まずは糞穢《ふんえ》の掃除をすることを命じる。父は絶えず励まし導きながら、次第に息子の変化を待つ。草庵に留まること二十年、父は自分の死期が近づくに及び、もう辛抱できず、ある夜こっそり草庵に行く。

ぼろぼろの衣装に替え、手足も顔も泥でよごし、息子に近づき次のように言う、「俺は下男のかしらだが、ここの主人は良いお方だ。お前はもう何処へも行くな。毎日の暮らしで困るものはないか。あったら俺にこっそり言ってくれ。塩でも酢でも何でもあるから、主人に内緒で分けてやる。俺はお前の父親みたいな者だし、お前は俺の実の子同然だ、何も隠すことはない」と。こうして長い年月をかけ、時満ちた時親子の関係を明らかにし、正式に自分の跡継ぎとして、親族や国王に紹介したという話。仏もまたかくの如くである、で結ばれる。

増谷文雄は『仏教とキリスト教の比較研究[16]』の中で、両者を比較し次のように述べている。

（共通点）

この二つの譬喩《ひゆ》としての説話は、その題材を、まったく等しゅうしておる。そのいずれにおいても、流浪し困窮せる無知放蕩の息子がその主役である。父はその行跡をあえてとがめることなく、大いなる愛をもってその膝下《しっか》に摂取せんとする。それによって、一つは神の大愛を喩《たと》えあらわし、他は仏の大慈悲をあらわし喩えんとしている。その題材と構想の類似は、単なる暗合以上のものを感ぜしめる。二人の父はともに、その流浪の息子の帰り来たらんことを希《のぞ》んでいた。その息子が帰って来たときには、その父たちの喜びはなにものに喩えがたいほどに大きかった。

（相違点）

だが、その受け入れ方はまったく相異って、際だった対照をなしていたのである。一人の父は、その息子を見出すやいなや、走りよってその首をいだいて接吻した。また、直ちに美衣を着せ、美食を与えて、善良な兄をして怒らしめるほどに歓待した。だが、もう一人の父は、そうではなかった。彼はその息子に相応しい業を与えて、次第に彼がよりよき人間性を開発するのを待った。形成的段階が一歩一歩と導かれ、高き形成が彼のうえに実現されたとき、それに相応しく彼を遇した。いずれも、それは父の愛の表現であった。だが、一人の父においては感情が物言い、一人の父においては理性が支配していた。（傍線および共通点と相違点に分割したのは筆者）

ここで増谷文雄が「感情が物言い」と指摘する「放蕩息子の父」（Ⅰ）は、いわばキリスト教の神を指し示しているが、この感情を表現するギリシャ語は、後述する「よきサマリア人」（Ⅱ）の感情と同じ「スプランクニゾマイ（σπλαγχνίζομαι）」である。日本語で通常、「憐れに思い」と訳されている。ここで二つの譬え話に共通するキリスト教の神のイメージを整理しておこう。行動は①→②→③に従って深まってゆく。

①スプランクノン（σπλάγχνον 憐れみ）の情動で満たされる神。

（Ⅰ）放蕩の限りを尽くし、やつれ果て、困り果てて帰って来た息子を、遠くから見つけた父の情動。

（Ⅱ）道端に倒れている半死半生の旅人を見つけた、よきサマリア人の情動。

②傷ついたもの、困窮する者、社会から排除された者に近づいてゆく行為を起こす神。

（Ⅰ）帰って来た放蕩息子に近づいてゆく父の行為。

（Ⅱ）傷ついた旅人に近づいてゆくよきサマリア人の行為。

③至れり尽くせり、困った者、飢え渇く者の必要をすべて満たす神。

（Ⅰ）帰って来た息子に愚痴も言わず、ただ何度も何度も接吻しながら喜び迎え、良い服に着替えさせ、足には新しい履物を履かせ、肥えた子牛で宴《うたげ》を催す父親。

（Ⅱ）半殺しにされ、希望もなく道端に投げ捨てられた旅人の傷に油とぶどう酒を注ぎ、包帯をしてやり、自らのろばに乗せて宿屋に連れてゆき、介抱し、翌日旅立つ前に、宿屋の主人に銀貨を渡し、「この人を介抱して下さい。費用がもっとかかったら、帰りがけに払います」と言い残して旅立ったよきサマリア人。

さて、増谷文雄の比較で示された傍線部分に注目してみよう。両者の相違の結論として、ルカ福音書の放蕩息子の父は「感情」が物言い、法華経の長者窮子の父は「理性」が支配していたと指摘する。この指摘はずばり真実を語っているが、問題はこの「感情」の意味の深さである。

この感情は先ほど示した①に相当するが、この①は後続する②と③の行為を内包する強烈な心の動きを表現する語である。興味深い事実であるが、スプランクノン（名詞）は内臓全体を指し、当時、情は内臓にあると考えられており、内臓から込み上げてくる激しい情動を意味する。日本語をはじめ、現代語訳ではその激しさが伝わってこない。

不思議なことに福音書では、この語は神やイエスの感情、あるいは譬え話に登場する主要人物に限定されて用いられており、人間の情動を表す同義の語はエレオス（ἔλεος 名詞）、エレエオー（ἐλεέω 動詞）が用いられている。この事実からも、スプランクノン及びスプランクニゾマイの行為の主体である譬え話の重要人物（例えば、放蕩息子の父、あるいはよきサマリア人）は、神のイメージを暗示していると考えられる。

福音書においてスプランクニゾマイあるいはその派生語が使用されているすべての箇所とその憐れみの主体を示しておこう。

・マタイ福音書
九の三六（イエス）
一四の一四（イエス）
一五の三二（イエス）
一八の二七（譬え話の主要人物）
二〇の三四（イエス）

・マルコ福音書
一の四一（イエス）イエスの「怒り」参照
六の三四（イエス）
八の二（イエス）
九の二二（イエス）

・ルカ福音書
一の七八（神）
七の一三（イエス）

一〇の三三（譬え話の主要人物）
一五の二〇（譬え話の主要人物）

放蕩息子の譬えの中の父親の感情は、父と子という唯一無比の関係における、底知れぬ優しさの無償性から生じる強く激しい情動であり、それは理性を踏まえつつ理性を超えて、心の底から、内臓から込み上げてくる痛みのcompassio（ラテン語で共感）である。

柳田聖山著『沙門良寛』[17]の中の《草庵より草堂へ》の文章の中に、「放蕩息子」と「長者窮子」を比較して、「『法華経』と『聖書』のちがいを、詳しく申し上げる余裕はないのですが、『聖書』はやはり、神の言葉です。息子の悔い改めを、神は直ちに許します。『法華経』は、仏が人となることで、人を仏にするという、方便の構造を明らかにするところに、大きな特色を持っています」と述べておられるが、筆者が付した傍線部については、現代聖書学の成果に照らす時、聖書はそれほど単純な構造ではないと言わねばならない。

イエスが譬え話を語る背景には具体的な生活がある。イエスの通常の食卓は、威信を重んじる当時のユダヤ社会において、特に敬虔な人々にとって不可解極まる行為であった。それ故、人々は「見ろ、大食漢の大酒飲み、取税人や罪人の仲間」と、イエスの行為を嘲笑し、囃《はや》し立てた。

こうした誹謗中傷の現場で即座に、譬え話の中身に、批判する者に相当する人物をそれとなく巧みに登場させ、人間として何が本当に正しいことなのかを自《みずか》ら悟らせ、誤った価値観からの回心に導いた。そこには病巣を抉《えぐ》り取る鋭い刃と共に、論争相手をも、かけがえなき人間として尊敬する温かいユーモアが存在する。そうしたイエスの丸ごとが「神の言葉」である。

長者窮子と放蕩息子の譬え話は、仏教及びキリスト教の本質的内容を含んでいる。息子がより良い人間性を自ら開発するよう、息子の覚醒、悟りを待ち望み、時間をかけてゆっくり教育する仏教的父の姿がある。一方、父と子という唯一無二の関係の中で、大切な愛の対象に素直に向かってゆく父、息子がどんなに会うにふさわしくないどん底の状態であろうと、父の懐《ふところ》に戻って来た事実、そのことだけで十分であり、そのことだけが嬉しくて嬉しくてたまらないキリスト教的父の姿がある。仏と神の、在るが儘《まま》の姿を二つの譬えはみごとに描いている。

3 「比喩」の面白さ

イエスの用いる比喩の面白さは尋常ではない。そこには強烈な印象を記憶に留めながら、逆説の響きとユーモアの匂いが漂ってくる。その比喩がどのような状況の場で語られたか、すでに多くの変形を受けて福音書に登場している以上、もはや定かではないが、その現場を想像することこそ、譬え話や比喩に含まれるイエスの真意を探る上での大切な作業である。

忘れ得ぬ印象を伴ういくつかの比喩を吟味してみよう。

㋑新しい布、新しいぶどう酒

「真新しい布」とか「織りたての布」などと訳されているギリシャ語はアグナフォス（ἄ-γναφος すなわちα+γνάπτω〈布を晒《さら》す〉で、接頭語のἀはこの場合否定を意味する）は、「まだ晒していない布」のことである。マルコ二章二一～二二節は以下の言葉である。「誰も、まだ晒していない布切れで古い衣に継ぎを当てたりはしない。そんなことをすれば継ぎを当てた布が古い衣を引き裂き、破れはますますひどくなる。また、誰も新しいぶどう酒を古い革袋に注いだりはしない。そんなことをすれば、新しいぶどう酒が革袋を破り、ぶどう酒も革袋もだめになる。新しいぶどう酒は新しい革袋に入れるものだ」。

まだ晒していない布は、濡れるとやがて縮んでしまう。だからすでに脆《もろ》くなっている古着に、晒していない布切れを当てれば、当然縮む力によって古い布を引き裂いてしまうという訳だ。

一方、新しいぶどう酒とは、今まさに発酵しつつある酒のことである。すなわちポツポツざわざわと沸き立つ生命力が古い革袋を破ってしまい、ぶどう酒もなくなり、革袋もだめになってしまうという訳である。ぶどう酒は山羊などの動物の革で作ったものに入れられた。やがて革が古くなり乾いてしまうと亀裂が生じ破れやすくなってくる。そのような古くて硬い入れ物に今まさに発酵中の新しいぶどう酒を注ぐと、その生命力、膨張力によって、古い革袋は持ち堪《こた》えられなくなる。

以上の事柄を踏まえると、この箇所は通常解釈されている、古いものと新しいものの同居を戒める話というよりも、その内実はこの比喩を通して、イエスの漲《みなぎ》る生命力を指し示している。すなわち、今まさに新しく生まれつつある力が古い殻を、古い体質を、古い壁を打ち破ってゆく、自分はまさにその力であるという、イエスの力強い積極的な意欲がここでは語られている。

マタイ（九の一六〜一七）もルカ（五の三六〜三九）も、マルコに基づいて類似の話を記録しているが、この話の最後にルカは次のような、何とも面白い言葉を付加している。「また誰も古いぶどう酒を飲んでから、新しいものを欲しがらない。『古いのが良い』と言うのだ」。なんの気なしのこの付加は、もしかしたらルカがマルコが伝える真意を十分理解できず、古いものと新しいものの同居を戒める話と理解し、古いぶどう酒についての格言めいた言葉をポツンと付け足したのかもしれないが、思わず笑ってしまう。イエスなら言いそうな、まさにユーモアが感じられる。古い体質、古い壁、古い殻を俺こそがぶち壊し、ぶち破るのだと、意欲満々、生命力に満ち溢れて語った後、まあ、そうは言っても現実はそう甘いもんじゃないよ、そうはうまく行かないよ、と茶目っ気たっぷりに言い足したのかもしれない。

おれは「ぶどう酒」の話を「布切れ」の話と同じ意向で話しているのに、「新しいぶどう酒より古いぶどう酒の方が美味しいじゃないか」と、おれの思いをからかう。古い殻にとっぷり浸かりつつ現状に満足し切っている多くの輩《やから》は話を違った方向に逸らすために、「古いのが良い（シナイ写本では、古いものの方がより良い）」と言い張り、固執するに決まっているから。ここにまさにユーモアの特質の一つである自分を客観視して笑いのめす余裕と、他者を完全に突き放すことなく愛情によって自分と結びつける能力が発揮されている。現実の灰色をバラ色と錯覚するのではなく、冷徹な覚めた目で、灰色は灰色と捉えつつ語るイエスの風貌が垣間見える。

一方で「俺はやるのだ！　古い体質をぶっ壊すぞ！」と高揚しつつ語りながら、また一方で「そうは言っても、大半は自分たちの現状を満足させている古い体質の方がいいと言うに決まっているよ」と、ユーモアを加えることを忘れない、その心のゆとりがイエスの懐の深さを物語っている。

そして現実は、まさにその冷徹な読み通り、古い殻、古い壁、古い体質によって十字架に吊《つ》るし上げられ、抹殺されるのであるが。

㋺目の塵と梁

印象に残る数多くの言葉、誇張表現によって、二度と忘れられない記憶に刻まれる言葉、常識に風穴を開ける意表を突く言葉、こうしたイエスの言葉の一つ一つを洗い直し、その背後に逆説的鋭さやユーモアの温かさが潜んでいないかを嗅ぎ分ける作業を通して、聖書の知られざる新鮮な薫りを発見することができる。

「なぜ、兄弟の目にある塵《ちり》（おが屑《くず》）はよく見えるのに、自分の目にある梁《はり》（屋根を支えるために横に渡した、太くて長い材木）に気づかないのか」（マタイ七の三、ルカ六の四一）。この言葉を『キリストのユーモア』(18)の著者トルーブラッドが四歳の息子に語った時、息子はこらえ切れず笑い出したという。子供はイエスのユーモアを嗅ぎ取る。我々大人はイエスの多くの言葉の中に含まれるユーモアを見落とす。耳に言葉が馴染みすぎ、その言葉の新鮮な妙味を味わうことなく通り過ぎる。

「人の目にある小さな屑は気になるが、自分の目の中にある大きな梁には気づかない」、この言葉はすべての人間の心の奥に潜む虚栄や偽善を笑い飛ばしているが、拙著『寅さんとイエス』のエピローグでも語った、忘れ得ぬ思い出がある。それはイエスのこの言葉に類似する表現との出会いである。

四十年以上前、一人の老神父と鹿児島県の甑島《こしき》を訪ねた。一六〇二年、この島に初めてドミニコ会の宣教師が上陸したのだが、島に住む一人の婦人の尽力によって、記念碑が建てられた。その婦人と三人で記念碑の建立を祝い、しばし、いにしえの先達の足跡を偲んだ。その帰り道、老神父と別れ、鹿児島市の郊外を一人散歩していた時、ふと目にした山門の言葉、「人の悪口は嘘でも面白い。自分の悪口は本当でも腹が立つ」。思わず笑いがこぼれる穿《うが》った言葉である。

㈧蚋と駱駝

「ものの見えない道案内人よ、あなた達は蚋《ぶよ》を濾《こ》しながら、駱駝《らくだ》を飲み込んでいる」（マタイ二三の二四）。マタイ福音書二三章全般にわたる「律法学者、ファリサイ派」批判の元になっているのは、マルコ福音書一二章の三八〜三九節の律法学者を批判した短い部分である。すなわち、「律法学者に気をつけなさい。彼らは正装して歩き回ったり、広場で挨拶されることを好む。また会堂の上席や宴会の上座を好む」。

このマルコ福音書のイエスの言葉を説教風に拡大したものがマタイ二三章であるが、その他、マタイ五〜七、一〇、一三、一八、二四〜二五章等も含め、我々が目にするマタイ福音書の背後に、ギリシャ語を第一言語とするユダヤ人からなるマタイ共同体の知的共同作業の跡を感じる。マタイ福音書とヨハネ福音書はユダヤ教への対抗意識のもとに書かれているが、律法に関する知識がより堪能で、かつ律法学者やファリサイ派に対しより近親憎悪をあらわにしているのはマタイ福音書の方である。

以上のような背景を踏まえるとしても、二三章の比喩の中にはイエス独得の鋭さやユーモアが感じられ、イエス自身の口から発した言葉であることを確信させるに十分な言葉も含まれている。特にブヨとラクダの比喩は絶品で、イエスのユーモアに対し笑いを禁じ得ない。

マタイは二三章を通して、律法学者、ファリサイ派を「偽善者」呼ばわりして猛烈な批判を繰り返すのだが、その典型的な言葉が四節にある。「彼らは重い荷物をたばねて人々の肩に背負わせるが、自《みずか》らは指一本動かしてそれに触れようともしない」。すなわち口では言うが、自らは実践しない偽善者である、と。イエスの時代、律法学者の中でもファリサイ派の律法学者が力を持ってくるのだが、いったいファリサイ派とは何なのか。いつ頃、何を目的として生まれた集団なのか。

ファリサイなる語の意味やファリサイ派の起源は、確《しか》とは定かでないが、確実なことは祭司ではなく一般信徒の運動である。当時の祭司の堕落に対し声をあげた、敬虔なグループであり、多くの律法学者を生み出した。マタイ福音書二三章は、言行不一致の偽善者として彼らを批判しているが、実際には法律の細部に至るまで実行しようとした敬虔過ぎる完全主義者の集団である。

特に象徴的な事柄として、祭司にのみ課せられていた「手洗い」を、本来やらなくてもいい自分たちに課して、食前の手洗いにこだわった。その一つの例として、ファリサイ派律法学者のラビ・アキバは、第二次ユダヤ独立戦争の際、獄中で殉教死するのだが、最期に供された生きるための貴重な水を、食前の手洗いに固執して、手を洗うことに使ってしまったというエピソードが残っている。従って、マタイが「律法学者、ファリサイ派」を「偽善者」でひとくくりして批難する際、彼らの行動の動機としての偽善は別にして、マタイが指摘する言行不一致としての偽善は、むしろファリサイ派にとっては冤罪を被った感がある。おそらくイエスが糾弾したのは、彼らの虚栄心からくる言動の「動機」の偽善と、彼らの「完全主義者」としての振舞である。それによって生じる他者を裁く態度が、自《おの》ずからに弱者を苦しめている現状を、イエスはユーモアを込めて鋭く非難した。

　例えば、ファリサイ派が何かをコップで飲む行為について、マタイ二三章二五〜二六節でイエスは言う「あなた達は杯や皿の外側を清める」と。すなわち丁寧に丁寧にコップの外側を磨く。「しかし、内側は強欲と不節制とで満ちている」。「ものの見えないファリサイ派よ、まず杯の内側を清めなさい」。ファリサイ派はコップの内側を磨き清めることを怠り、外側はきれいにするが、内側は汚れたままである。

　さて、ここからがブヨとラクダの話である。ファリサイ派は自分たちの飲みものを清潔にするため丁寧に濾《こ》し始める。小さなブヨすらも見逃さない。しかしあなた達はラクダを飲み込んでいるとイエスは指摘する。T・R・グローバーは『歴史のイエス』と題する書で、我々はイエスの言葉に余りに慣れ過ぎていて、「キリストの教えを明るくする快活さや楽しさが見えない」と指摘し、ラクダのこの箇所を次のように表現する。「そしてそれに続く大騒ぎ、長い毛の生えた首が、パリサイ人ののどをすべりおりる—大きくゆるんでさがっているおなか—こぶ—二つのこぶ—二つともこぶがおりていく—それでも彼は全然気がつかないのだ—そして足—足が全部—膝も足先もすっかり—」(『キリストのユーモア』二八頁参照)。

我々がイエスの比喩を読み飛ばさず、子供のように想像豊かに思い巡らすとき、笑いを禁じ得ない面白さが込み上げてきて、マタイが伝える、耳を塞ぐようなイエスの律法学者・ファリサイ派批判にも、その背後に、イエスのユーモア、イエスの遊び心を感じとることができる。

㊁金持ちと駱駝

「金持ちが神の国にはいるよりは、駱駝《らくだ》が針の穴を通る方がもっとやさしい」(マルコ一〇の二五)

この言葉は共観福音書すべてに出てくるが、並行箇所はマタイ一九の二四とルカ一八の二五である。そして衝撃的なこの比喩の前に三福音書ともイエスと富める者との会話が記されている。

その大まかな内容は以下の通りである。

一人の男がイエスに駆け寄り「良き師よ、永遠の生命を得るには何をすべきですか」と問う。そこでイエスはモーセの十戒の内容を告げる。すると彼はもっと特別な教えをイエスに期待していたのか「そういうことは若い時から守ってきました」と応える。イエスは彼を見つめ、慈しみ深く、「欠けているものが一つある。行って、持ちものを売り、貧しい人々に与えなさい」と言う。男はイエスの言葉を聞いて、顔をくもらせ悩みつつ立ち去る。多くの財産を持っていたからである。

イエスの時代、多くの庶民は貧しかった。一方で大金持ちが存在した。社会構造的にも、エルサレム貴族の大地主としての大土地所有をはじめ、エルサレム神殿には、神殿税や全収穫物の十分の一の献納物などによって富める者はますます豊かになり、大半の庶民はそうした搾取の構造によってますます貧しくなっていった。

社会的構造悪を利用して、私腹を肥やし、働くこともなくふんぞり返っている大金持ちの連中に対し、皮肉を込めて叩きつけてイエスは言う、「金持ちが天の国にはいることは、駱駝が針の穴を通るより難しい」と。

このイエスの言葉がどういう状況で、どういう人たちに向かって発したかを考慮することなく、初期の原始教団の人々は、富める人々を糾弾し、貧乏を一つの徳として奨励したのであろう。使徒行伝には、「信じる者たちは皆一つになり、全てのものを一緒に共有し、財産や持ちものを売り、それぞれの必要に従って、皆に分けた」（二の四四～四五）と記されている。

「金持ちとラクダ」のイエスの比喩を含むマルコ一〇章二三～二七節は、そうした原始教団の一方的な姿勢を、マルコは伝承句と編集句を複雑に交錯させながらマルコなりに批判している苦労の跡が見られる。

先に挙げた、イエスと富める者との対話は、富める者が立ち去った（二二節）後、「財産を持っている者が神の国に入るのは難しい」と言う（二三節）。弟子たちがこの言葉に驚く（二四節）。

イエスと富める者との話は通常二二節で切れ二三節から新しい段落になるが、元々聖書は章も節も段落も、更に丸や点すらない。この話は二四節前半、すなわち「弟子たちはイエスの言葉に驚いた」まで続くとみるN・ヴァルターなどの聖書学者もいる。

以下二七節まで、二つの事柄が交錯している。一つは富を持つ者が神の国に入ることは難しい。それはラクダが針の穴を通るようなものだという内容であり、もう一つは、一般的に神の国に入ることは難しいが、救いというのは、金持ちであるかどうかという人間的な条件の問題ではなく、神の側の問題であり、神においては、金銭を持っていようといまいと、誰にでも可能な容易な事柄であるという内容である。マルコが伝承句と編集句を交錯させながら、当時の原始キリスト教の方向性に一石を投じている様子が窺い知れる。

「金持ちが神の国にはいるよりは、駱駝が針の穴を通る方がもっとやさしい」というイエスの言葉は、当時の社会的構造悪に対する痛烈な批判が込められているが、この比喩の背後にも、ラクダを用いることによる強烈な皮肉とともにイエスのユーモアを感じ取ることができる。

福音書全般を通じて、富に関するイエスの主張は、財産を自らの懐《ふところ》に貯めて置くのではなく、貧しい人々、その日の糧《かて》に困っている人々に分け与えなさい、余分なものをばら蒔きなさい、ということである。放蕩息子や不正な管理人の譬え話の中で使用されているギリシャ語は δια-σκορπίζω であるが、その本義は通常訳されている「浪費する」という意味ではなく、「ばら蒔く、散らす」（σκορπίζω スコルピゾー）であり、接頭語の δια は強調を表している。

「余分なものをばら蒔きなさい」というイエスの教えは、すべての福音書が記している「五千人あるいは四千人のパンの増殖」の奇跡（マルコ六の三五〜四四、並行マタイ一四の一五〜二一、ルカ九の一二〜一七、参照ヨハネ六の一〜一五。およびマルコ八の一〜九、並行マタイ一五の三二〜三九）も、通常考えられているように魔法のようにイエスがパンを増やしたというよりも、一人一人が余剰のものをばら蒔き、他者に与える時、瞬く間に飢えている人々はいなくなったという話である。

第五章

正典福音書におけるイエスの〈笑い〉

1　イエスの笑いの欠如

ⓘこのテーマに挑戦した人々

新約聖書における一つの謎は、一度もイエスの「笑い」が登場しないということだ。本書の最大の目的は、正典福音書において笑っていないイエスを笑わせる試みである。「笑う」という言語表現は不在としても、この場面では高い確率で笑っているに相違ないことを、想像力と創造力を動員して、かつ現代聖書学の成果を踏まえつつ挑戦してみよう。

日本においてイエスの笑いとユーモアを真摯《しんし》に問い続けてきた人物に椎名麟三がいる。哲学者にして俳人である柏原眠雨は著書『風雲月露』（紅書房、二〇一五年）の中の「ユーモア」と題するエッセイにおいて、椎名麟三を次のように記している。

「……椎名麟三は、昭和の初期に労働運動に身を投じて逮捕され、獄中で転向して、戦後『深夜の酒宴』で文壇に登場、しばらくは「死」のテーマを扱っていたが、やがてキリスト教の洗礼を受けるに及び、『邂逅』以降は宗教的な「ユーモア」をモチーフとした創作活動を展開した。

この椎名文学のユーモアは、例えば神である筈のイエスが尻に襁褓《おむつ》をあてがわれて飼葉桶《かいばおけ》に眠っているというような、本質（神）と現象（襁褓の赤子）の食い違いから生じるおかしさを意味する。神という絶対者が人間という有限者と関わりをもつ宗教的な場面においては、この種のおかしさがつきまとわざるをえない。椎名麟三はこのユーモアを、デンマークの実存哲学者キルケゴールから学んだ。……」（ふりがなは筆者による）

椎名麟三は、ドストエフスキーに大きな影響を受けるが、アンティオキアのイグナティオスの項目で述べたように、ルカ福音書二四章三六～四三節の復活の場面で開眼する。椎名自身の言葉を用いるなら、「ほんとう」の自由なるものをそこに見る。

キリストは……自分が自分であることを証明するために、自分の手や足を出して見せる。それだけならいいが、あわれにも焼いた魚さえ食って見せなければならなかったのである。キリストが魚を真剣な顔でムシャムシャやっているところを想像して下さい。全くその様子たるや、滑稽でもあるが、涙ぐましくもあるではないか。

（エッセイ「キリストの手と足」より。省略及び傍点は筆者による。）

また椎名麟三はエッセイ「道化師の孤独⑲」の中で、次のように述べている。

私が聖書を読んで、いつも不思議に思うことが一つある。イエスが、涙を流したり、悲しんだり、怒ったりされる記事はあるにもかかわらず、イエスが笑われたという記事が一行もないということである。実際、私たち人間の有様を見られては、笑うにも笑えないものにちがいなかったろうということは、容易に想像がつく。しかしイエスは、一回も笑われなかったのだろうか。弟子たちのうちには、イエスを笑わせてあげる人はいなかったのだろうか。あの行きすぎの名人であるペテロもいたはずである。彼の言行は、イエスを笑わせたことはないのだろうか。わずかにヤコブとヨハネに、雷の子というわば綽名らしい名をつけられたという記事に、イエスの笑いが感じられるくらいなのである。……私はただ、何とかしてイエス・キリストを笑わせてあげたいと思っているということにとどめよう。それにしても、聖書のどこかでイエスが笑っていて下さったら、とただそれだけが残念である。（省略は筆者による）

本当にイエスは笑わなかったのか。正統派キリスト教が認識するように、イエスは「真の神」であり、「真の人間」であるならば、イエスは笑ったはずである。そうでなければインカルナチオ（incarnatio 受肉）の意味はない。人間は笑う。それならばイエスも笑う。イエスは大いに笑った。人一倍笑った。澄み渡る魂から溢れ出る喜び、人間の悲しみや苦しみを経験し尽くした包容力から生まれるユーモア、こうした喜びやユーモアは自《おの》ずから笑いを生じさせるはずである。

ハリー・エマーソン・フォスディックは「キリストは決してソクラテスのような冗談は言わないが、しばしばまことに力強い、幸せそうなそよ風のさざ波をたたせる」[20]と述べ、ジョージ・メレディスは、アンリ・ベルクソンの『笑い』と共に収められた『喜劇』[21]の中の『喜劇についてのエッセー』で「ほほえみに近く――しばしばほほえみそのものにしかすぎず――個人に関係がなく、この上なく上品なもの」であると述べている。

　イエスの「ユーモアや笑い」について考察した書物は驚くほど少ない。聖書やキリスト教に関わるユーモアあるいは笑いに関しては、日本語で読めるものを挙げておくと、『宮田光雄集〈聖書の信仰〉』Ⅳ（岩波書店、一九九六年）に収められている「解放としての笑い」、H・フォン・カンペンハウゼン著『笑いの伝承・キリスト教ユーモア集』（宮谷宣史・川村永子訳、日本基督教団出版局、一九七七年）等があり、イエスとユーモアに関しては、先に挙げた椎名麟三の著作以外に、アンリ・コルミエ著『イエスのユーモア』（猪原英雄訳、サンパウロ社、一九九二年）、そして前述したトルーブラッド著『キリストのユーモア』等である。どの書もそれぞれの観点から興味深く語られているが、高度に発展した現代聖書学の成果を踏まえて、福音書そのものの分析によってイエスのユーモアと笑いに挑戦しているのは、トルーブラッドである。彼は聖書学の専門家ではないため、不十分な解釈も否めないが、哲学者としてニーチェやキェルケゴールやベルクソン等に触れるとともに、何より素晴らしいことは、自《みずか》らの信仰から自《おの》ずからに生じた疑問点と正直に向き合い、彼が理解した限りの現代聖書学の分析方法を取り入れて福音書を解釈しながら、想像力豊かに「キリストのユーモア」を追求した点である。ユーモアに関する翻訳は訳者自身があとがきに書いているように「ユーモアは、訳してみると、つまらなくなる。一つの国語から違う国語に移すのは難しい。翻訳すれば、初めに考えられていた機智も多少なくなる」。そうしたユーモアに関する翻訳の困難さを、訳者が弟子であることから、弟子としての師弟愛が補っている。

㋺学問的方向性

『キリストのユーモア』のもう一つ特筆すべき点は、以下に示す著者の学問的姿勢である。

キリストが陰気なことを拒んだことは、日常生活だけでなく、神学にも大きな影響を与えた。もしキリストが、実際に記されているとおり、よく笑い、自分で確信をもってものをいうことができた方であるなら、〝神の心には笑いと快活さがある〟と断定してもいいだろう。キリスト教神学における最も深い確信は、全世界の神はイエス・キリストのような方であるということである。論理的発展とは、相対的に知られていることから知られていないことに発展させることであるから、その順序は、神からキリストへというのではなく、キリストから神へとならねばならない。私たちが、このことを真剣に考えるならば、神は、残酷な、あるいは、自己中心的な復讐の神ではなく、さらに、ユーモアを欠く方ではないと断言できるのである。（三七頁。点線は筆者）

筆者が付した点線部分は、イエスに関して「笑う」という言語が聖書中全く欠如している以上、「実際に記されているとおり、よく笑い」という表現は適切でないが、右の文章は古典的神学と聖書学の関係について重要な問題を提起している。

古典的神学、特にトマス・アクィナス（一二二五～一二七四年）は今日なお神学や中世哲学の分野における権威であるが、日本における中世哲学の第一人者である山田晶《やまだあきら》は、京大の学生時代、山内得立《やまうちとくりゅう》の講義を受け、その講義にしびれるほど感動し、生涯の専攻を決定したという。「トマスの思想は、広く深く、底知れず澄みきった湖のようなものであって、西洋の古来の思想はことごとくいったんこの湖のなかに流れこみ、そこで濾過《ろか》され、清められて、またいくつかの細流となって、近世のほうに向かって流れてくる」と語る山内得立の、トマスの思想を「湖」にたとえた話に、山田晶は感銘を受けたことが、『世界の名著　トマス・アクィナス』（中央公論社、一九七五年）のまえがきで述べられている。トマス・アクィナスは私が属するドミニコ会の先輩であるが、代表作は『スンマ（神学大全）』である。存在（Esse エッセ）の原点を神に置くトマスは、神を **ipsum Esse per se subsistens**（自存する存在そのもの）であり、**actus purus essendi**（存在の純粋現実態）と把握し、存在そのものなる神からの照明によって、世界の一つひとつの存在のかけがえのない価値を明らかにした。

トマスの哲学的思索から我々は多くの真理（**veritas**）を学び、そしてトマスが祈りと研究によって到達した真理の深淵は、今日なお不動のものである。しかし問題は、イエスを語る場合の思索の方向性である。『スンマ』における思索の順序は、［第一部］神から出発し、［第二部］人間の神への運動、［第三部］神への道なるキリストの方向に向かう。

現代聖書学は、ドイツの聖書学者ダイスマン（一八六六～一九三七年）に端を発し、二十世紀に入り、急速な進歩を遂げ、山本七平も指摘するごとく[22]、二十世紀で最も進んでいる学問は原子物理学と聖書学であるといわれるほど発達した。

ルター以降、ドイツを中心に聖書研究を進めてきたプロテスタントに対し、遅れをとっていたカトリックも、昨今猛烈な勢いで追いついてきた。その一つがフランス語圏で生まれた『エルサレム聖書』であり、特に貢献したのがドミニコ会の二人の人物である。一人はエルサレムに聖書考古学研究所を設立したマリー・ラグランジュ（一八五五〜一九三八年）であり、もう一人は死海文書の発掘やイスラエル古代史の研究に尽くしたローラン・ドゥ・ヴォー（一九〇三〜一九七一年）である。

トマス・アクィナスの中世哲学に関わる分野はあくまでトマスの哲学的思索が根拠になっているが、問題は古典的神学の分野における聖書の読み、特に各福音書の読みである。すなわち、トマス自身十三世紀のカトリックの聖書解釈の方法を踏まえざるを得なかったのだが、各福音書それぞれの分析は、当時十分に行われていなかった。その事実から、先ほど引用したトルーブラッドの学問的順序の指摘が、重要な問題提起となる。その指摘はまた、トマスと同じドミニコ会の我が先輩であるアルバート・ノーランが名著『キリスト教以前のイエス』の中で語る如く「神について知っていると思う事柄は、イエスに関して何も推論できない。今やイエスについて現に知っている事柄から、神に関してあらゆることを推論しなければならない」との指摘と符号する。

㈧チェスタートンの直観

イエスの笑いも、急速の進歩を遂げた現代聖書学の成果に立脚して探究しなければならないのだが、イエスのユーモアや笑いに注意を向けた数少ない人物の一人として最後にG・K・チェスタートン（Gilbert Keith Chesterton）を取り上げておこう。日本では『ブラウン神父物語』を通じ、推理作家として知られるチェスタートンは、一八七四年から一九三六年の生涯を送ったイギリスの著名なカトリック作家である。逆説的批評家として『正統とは何か』など多数の評論や『聖トマス・アクィナス』など多数の評伝、長編小説、短編小説、エッセーと多岐にわたって作品を残した。彼は聖トマス・アクィナスと同様、恐るべき巨大な体軀の持主であった。聖書に関しては専門領域でないため明確でない箇所も見受けられるが、イエスのユーモアや笑いに関し、卓越した直観を示している。

ユーモアの本質についてチェスタートンは『ブリタニカ百科事典』（一九二八年）の中の「ユーモア」の項目で、ユーモアをウィットと対比しながら、次のように語っている[23]。

ユーモアとは、この言葉の現代の用法においては、ある特殊な喜劇性、不調和、不条理を認識することを意味する。普通ウィットとは区別され、ある面ではウィットよりさらに微妙で、また別の面ではもっと漠然としたものである。……

ウィットとは、いわば判事席に着いた理性であって、かりに被告にたいする宣告はごく軽いことはあるにしても、大事な点は、判事自身はけっして宣告を受けることはないという点である。だがユーモアの場合にはいつでもユーモリスト自身が不利な立場にあり、人生の行き違いや矛盾に足許をすくわれるという観念が何らかの形で含まれている。……

ウィットは、神の正義の徳に相当する。（もっとも、これほど危険な徳が人間のものたりうるとしての話であるが。）これに対してユーモアは、人間の謙虚の徳に相当する。そこに神的なものがより多く感じられるとすれば、それはただ、ユーモアの生まれる瞬間、神秘の感覚がウィットよりもさらに大きいという理由によるものであろう。……

ユーモアは、この点ではウィット同様、真理と永遠の美徳に関連している。（たとえどれほど間接的にではあっても。）ユーモアに関して生真面目に論究するというのは、あらゆる不条理のうちでも最大の不条理であるとすれば、いつも変わらずユーモアを誇るなどということは、あらゆる尊大のうちでも最悪の尊大にほかならぬ。なぜならユーモアとは本来、傲慢に対する最大の解毒剤であり、旧約の箴言以来いつでも愚者の鉄槌であるからだ。

ユーモアを以上のように考察するチェスタートンが、自著『正統とは何か』《Orthodoxy》の最後に語るのは、神のユーモアについてである。チェスタートンの非凡な直観を示すこの文章の中に二カ所、彼の聖書における不明確な記憶が含まれている。一つは、「生まれた町を遠く眺めた時にすら」は、「（エルサレムに）近づいた時、彼（イエス）は町を見て」（ルカ一九の四一）であり、通常生まれた町とされるベツレヘムにおいても、育った町ナザレにおいても、遠く眺めて涙を流してはいない。もう一つは、「寺院の正面の階段から机や椅子を抛《ほう》り投げ、どうして地獄に堕ちないですむと思うのかと人々に詰問もした」の部分で、マルコ一一の一五～一九、並行マタイ二一の一二～一七及びルカ一九の四五～四八、参考ヨハネ二の一三～二二のいわゆる「宮潔め事件」に関するチェスタートンの記憶は不明確であり、マルコ一一章一五、一六節は「……神殿に入り、神殿で売り買いする者を追い出し始めた。そして両替人の机や鳩を売る者の椅子をひっくり返した」となっており、寺院の階段から机や椅子を投げつけたのではなく、かつその後の地獄云々《うんぬん》という言葉もイエスは一切発していない。こうした聖書の記憶の曖昧さが含まれていることは否《いな》めないが、しかしそれを差し引いても、チェスタートンの以下の文章におけるイエスの笑い、神の笑いへの直観は傑出している。

……この支離滅裂な書物を閉じようとする今、私はもう一度、キリスト教のすべての源泉となったあの不思議な小さな書物を開いてみる。そして私はもう一度確信を新たにされるのだ。福音書を満たしているあの異様な人の姿は、他のあらゆる点についてと同じくこの点においてもまた、みずから高しと自信したあらゆる思想家に抜きんでて、ひときわ高くそびえ立つのをおぼえるのである。この人の涙は自然にほとばしった。ほとんど不用意と思えるほどに自然であった。ストア派は、古代と現代を問わず、みずからの涙をかくすことを誇りとした。だがこの人はみずからの涙を一度もかくしはしなかった。日常茶飯の事物に触れて、たとえば生まれた町を遠く眺めた時にすら、面《おもて》をかくすこともせず、明らさまに涙を見せて憚らなかった。だが彼には何かかくしていることがあった。厳粛な超人や帝国を代表する外交家たちは、みずからの怒りを抑えることを誇りとしている。だが彼は一度もみずからの怒りを抑えようとはしなかった。寺院の正面の階段から机や椅子を抛り投げ、どうして地獄に堕ちないですむと思うのかと人びとに詰問もした。だが彼には何かかくしていることがあった。私は敬虔の心をもってこれを言うのだが、この驚くべき人物には、恥じらいとでも言うほかない一筋の糸があった。彼が山に登って祈った時、彼には、あらゆる人間からかくしているものが何かしらあったのだ。突然黙りこくったり、烈しい勢いで人びとから孤立することによって、彼が人の目からかくしていることがたしかに何かあったのだ。神がこの地上を歩み給うた時、神がわれわれ人間に見せるにはあまりに大きすぎるものが、たしかに何かしら一つあったのである。そして私は時々一人考えるのだ――それは神の笑いではなかったのかと。

ピーター・ミルワード(24)が『正統とは何か』の解題において、チェスタートンを「笑う道化師」と呼びつつ、「あふれるばかり人なつっこさに満ちた人物であり、みずからとともに人々を笑わせるばかりでなく、みずからを種にしていつも人を笑わせている人」と語る如く、快活でみずから笑い、他者を笑わせていた、そのチェスタートンが、イエスが隠していた最大のものこそ「笑い」ではなかろうかと、『正統とは何か』の本文の最後の最後の一文として語る時、その直観の重さとともに「正典福音書におけるイエスの笑いの欠如」の深さを真摯に受けとめざるを得ない。その事を肝に銘じつつ、敢えてなおイエスの笑いの可能性を勇気をもって探究してみよう。

2　椎名麟三の疑問

本書の冒頭「はじめに」で、椎名麟三の疑問に言及したが、事の次第は次のような事情に基づいていた。彼が「道化師の孤独」と題する文章の中で、「福音書にはイエスの笑いの記事がないことが残念である」と書いたところ、彼の一連の文章を「笑った」人がいて、「冗談じゃない。イエスも人間だから泣きもしただろうし、だから当然笑いもしただろう。福音書に書いてないからといって、イエスが笑わないなんて考えるやつは愚の骨頂だ」との批判を受け、椎名はがっかりしたという。

椎名を「笑った」この人の笑いは、いわば上から人を見下した、その人の優越感からくる笑いだ。そして、この「優越」の笑いは、すでに述べた『ユダの福音書』におけるイエスの笑いの中にも垣間見られた。しかし、『ユダの福音書』の中のイエスの四度の笑いは、「史的イエス」すなわち歴史の中に生きた生《なま》のイエスの笑いではなく、『ユダの福音書』の著者がグノーシス思想の立場から、自《みず》らの主張をより効果的にするため、イエスを笑わせた言わば偽装工作であることを既に確認した。

正典福音書の中にイエスの笑いの記事が見い出せないことを椎名が残念に思い、悲しんだのは、彼を「嘲笑した」人が思い込んだ理由によるものではない。そうではなく、イエスの笑いの記事の欠如によって、「イエスが何に対して笑ったのか」を知り得ないと思ったが故の悲しさだった。本書の最大の目的は、この椎名の疑問「どんな時、どんな事に対してイエスは笑ったのか」、椎名がもはや知り得ないと結論を出したその事柄に対して、現代聖書学の成果を駆使しながら、想像力を働かせて、可能な限り具体的に解明することである。

確かに正典福音書において、イエスが「笑った」という記事はギリシャ語言語の観点からは欠如している。しかしながら、イエスが「嘲笑された」という記事は言語的にも登場する。それは「幸いなるかな、今泣く者。汝らこそ笑うであろう」（ルカ六の二一及び六の二五）で使用されるギリシャ語 γελάω（ゲラオー）に接頭辞 κατα を伴い、より敵対的に冷笑した件《くだり》で登場するが、ギリシャ語の「ゲラオー」はあたかも日本語の「ゲラゲラ」笑うに呼応するかのようである。その箇所はマルコ五の三五〜四三の場面で、死んでいると思われていた会堂司《つかさ》の娘が、イエスの「タリタ・クーム」というアラム語一発で起き上がった話で、その直前の三九、四〇節において「なぜ泣き騒ぐのか、子どもは死んだのではなく、眠っているのだ」とイエスが言うと、人々はイエスのことを「嘲笑」したと記されている。その並行箇所はマタイ九の二四及びルカ八の五三で、同じギリシャ語 κατα-γελάω が使われている。

その他イエスが、「嘲笑される」場面は、ルカ一六の一四及びルカ二三の三五であるが、そのギリシャ語はゲラオーではなく、エクミュクテーリゾー（ἐκ+μυκτηρίζω＝鼻であしらう）が使用されている。

椎名の疑問に戻るが、彼は「笑いについて」と題するエッセイにおいて、以上述べたような

「優越」や「嘲笑」の笑いではなく、我々が何ものかから自由になった時、救われた解放感から来る笑いとして、以下のような興味深い例を挙げている。

泳ぎをあまりよく知らない少年が、アップアップをやりはじめて他人から救われたとき、その他人が、「馬鹿だな」といったとき、うっかりすると死ぬはずだった少年にうかぶあの笑いだ。そしてこの笑いは伝染する。もしたくさんの人が集っていたとするならば、少年が笑った時、人々も笑いながら、「よかったな、よかったな」というだろう。

我々は確かに、何ものかから自由になり解放された時に笑う。死を伴う恐怖の感情からの自由と解放、あるいは、社会的構造悪の中で疎外されて来た人々、経済的に搾取され貧困に苦しむ人々、運命的に差別され弱者として生きることを余儀なくされた人々、そうした辛い境遇に生きる人々に、権力者や社会的偏見や差別からの自由と解放が「突然」齎《もたら》された時、人々は笑う。同時に、そうした自由と解放を齎した人も、弱者と共に笑う。

人はまた喜びにおいて笑い、ユーモアにおいて笑う。その典型的な例は食卓であり、特に酒宴の席である。椎名もまた同じエッセイの中で次のように語っている。

喜ぶこと、そのことが自分たちのいろいろな心配に蔽われた日常的な現実からの解放であり、自由であり、救いであることはいうまでもない。だから古今東西をとわず、喜び合う場所では、酒が必要になって来ることも、そのことから理解されることだ。とにかく酒は、私たちをしばりつけている様々な嬉しくもない日常的現実から救い出してくれるからである。

椎名麟三が福音書を読んで、「笑いの記事の不在」の奥に予感した事柄を、二十世紀急速に発達した現代聖書学の成果に照らし、すなわちイエスが生きた時代の生活様式や風習や常識の鮮明化の作業、各福音書（マルコ・マタイ・ルカ・ヨハネ）の成立過程の明確化の作業、原始キリスト教の教会がイエスの口に乗せてしまった言葉ではなく、歴史の現場でイエス自身が語った生《なま》の言葉の抽出作業などを通して、イエスの言葉が具体的などういう状況の中で、誰に対して、どういう感情で語られたものであるかを浮き彫りにする。こうした研究を踏まえながら、椎名麟三が追求した深慮遠謀《しんりよえんぼう》の疑問に、力を尽くして応えてみよう。

3　社会的構造悪に対する逆説的笑い

㋑よきサマリア人の譬え話

イエスが生きた当時の、社会的構造悪に対して、逆説的皮肉を込めてイエスが「笑った」と推測される例を四つ挙げてみよう。その一つが「よきサマリア人」の譬え話である。

「人が自分の命を友のためにささげること、これ以上の大きな愛は誰も持っていない」（ヨハネ一五の一三）という言葉を、ヘブライ的表現で「手の平の中に自らの魂を置く」と言い換えることができる。手の平の中に自分の一番大切なものを置き、さあ、いつでも取ってくださいとの心の開きである。他者の必要に応じる決断の中に、他者の孤独のまなざしの前に、自己の時間を奪われることを承諾する決断の中に、神は過ぎ越してゆく。

哲学者レヴィナスは、神の訪れ、無限の経験は、他者のまなざしに出会うことの中にあるという。他者は私を見つめ、私に何かを訴えかけている。突然の他者の顔の訪問は、私という自我のエゴイズムの転覆の機会であり、自己満足の安らぎの放逐の機会であり、自己への飽くなき執着から脱して、他者の時間へ移行する機会であり、「見知らぬ人」「かなた」に向かう運動の機会である、とレヴィナスは語る。

神はまるで存在しないかのごとく姿を隠しながら、「悪しき者にも良き者にも太陽を昇らせ、義人にも不義なる者にも雨を降らせ」（マタイ五の四五）、一つひとつの、一人ひとりのかけがえのない存在に花を咲かせる（巻末「追記1」参照）。

イエスはまた、「これらの最も小さい者らに対して為したのは、私に対して為したのと同じことである」（マタイ二五の四〇）と語り、同じ二五章で、飢えていた時に食べさせてくれた人、のどが渇いていた時に飲ませてくれた人、よそ者であった時に迎え入れてくれた人、裸であった時に着せてくれた人、病んで弱った時に世話をしてくれた人、牢獄にあった時に訪れてくれた人らに、まるで自ら《みずか》「有難う」と言うが如く、その人々を祝福している。

イエスはまた、「野の花、空の鳥」の話（ルカ一二の二二～二八、マタイ六の二五）で、「カラスを見よ」（ルカ一二の二四）と語る。雲雀《ひばり》でもなく、雀《すずめ》でもなく、烏《からす》を見よ、と。カラスは旧約聖書のレビ記の中で、鷲《わし》や鳶《とび》や鷹《たか》や梟《ふくろう》 等と共に忌み嫌われていた鳥であった。イエスの時代のユダヤ人の常識では、不浄の鳥であった。イエスは当時誰も見向きもしたくない、そのカラスを見よと言う。

そのカラスをさえ神は養い育て大切に生かしてくださる。一つひとつの生かされて在る命のかけがえなき尊さ。善と悪、浄と不浄、有益無益、価値無価値の領域を打ち砕く神の顔を、イエスの言葉は垣間見せる。

イエスが生涯かけて身をもって示したこと、それは人間性の回復である。困っている他者、悲しんでいる他者に近づき、他者のために惜しみなく時間を空け、他者の必要をすべて満たしつつ、その人の友人になりなさい、という内容こそ、有名な「よきサマリア人」の譬え話である。果たしてこの話の中のどこにイエスの笑いは登場するのか。

笑いという問題の核心に入ってゆく前に、一つ押さえておくべき重要な事柄がある。それは、マタイとルカの共通史料、いわゆるQ資料は、イエスがどういう場面で誰に対して語っているかは記されておらず、論語の「子曰《いわ》く」の如く、「イエスは言った」という形式で羅列されていたと考えられる。それゆえマタイとルカの共通史料は、もともと現場の具体性が欠如している。一方、マルコ福音書は、イエスがどのような現場で、誰に対して、怒って言ったのか、皮肉を込めて言ったのかなど、事実をほぼあるがままに記している。そこから生きたイエスの言葉の鋭さが伝わってくる。すなわちQ資料に基づくイエスの言葉は抽象的であり、マルコと比較すると生命力に欠けていると言っても過言ではない。

例えばルカの場合、用いるQ資料において、ルカ自身がイエスがどの状況で語ったかを設定するのだが、誰に語っているかは、かなり図式的に設定している。例えば、イエスの言葉がいわゆるキリスト教的であるとみなした場合は、弟子たちに向けられた言葉とし、聞くには聞くがその言葉を理解しないだろうとみなした場合は群衆に向けられた言葉とし、論争的に語られたとみなした場合はファリサイ派、律法学者に向けられた言葉として整理している。

さて問題の「よきサマリア人」の譬え話はルカ福音書のみに出てくる。しかし、この譬え話をイエスが語るその前提となる話は、共観福音書すべてに出てくる「最も重要な掟は何か」（マルコ一二の二八、マタイ二二の三六）あるいは、「何をすれば永遠の生命を受け継ぐことができるか」（ルカ一〇の二五）の問答においてである。この問いかけに対し、マルコとマタイはイエスが答え、ルカは律法学者が答えている点、伝承が複雑に絡んでいるが、ルカが使った伝承はマルコ以外に別の伝承も手に入れていた可能性が高い。そしてルカだけは、「永遠の生命」の話と「よきサマリア人」の譬え話を一つのまとまった伝承として受け取ったと考えられる。

マルコ、マタイ、ルカ、すべての共観福音書は、「最大の掟は何か」との問いかけに対し、当時朝夕唱える祈りであった《シェマの信仰告白》、すなわち「聞け（שמע シャーマ＝聞く）イスラエル、我らの神なる主は唯一なり。心を尽くし、生命を尽くし、思いを尽くし、力を尽くして、主なる汝の神を愛すべし」（申命記六の四～五）を第一に重要な掟として置き、第二のものとして、これも当時の常識であった戒め、すなわち「おのれの如く汝の隣人を愛すべし」（レビ記一九の一八）を答えている。問題は誰が答えているかである。マルコやマタイの如く、かくも当たり前の答えをイエスの口からわざわざ発するのは、いかにも不自然である。これはやはりルカ福音書の如く、律法の専門家が答えるのが自然の成り行きである。

確かに前述の「富んでいる男とイエスとの対話」（マルコ一〇の一七〜二二）の場合は、「永遠の生命を得るためには何をすればよいか」と、「よきサマリア人の譬え」の前段階の律法学者と同じ問いかけを富者がしたのに対し、イエス自身がモーセの十戒を金持ちの男に示しており、その男は「そんなことはみな、小さい時から守ってきました」とむっとして応じるのだが、当面の相手は、いわば喧嘩を売ってきた法律の専門家であって、法律に関しては素人である金持ちの男ではない。すなわち、この論争の場でイエスがいちいちシェマの信仰告白を答えるのは自然の流れではない。

以上の前提に立ち、「よきサマリア人の譬え」の一連の流れを整理してみよう。

それはそれは多くの掟で人々が縛られていた当時、数々の掟の中で最も重要な掟は何か、律法の専門家はイエスを試そうとして問い質《ただ》した。「先生、何をしたら永遠の命を自分のものとして受けることができるでしょうか」と。イエスは「律法には何と書いてあるか、あなたはどう読んでいるか」と問い返す。律法学者は当時の常識でもある二つの重要な掟、いわゆる《愛の二戒》を答える。すなわち、「心を尽くし、生命を尽くし、思いを尽くし、力を尽くして、主なるあなたの神を大切にし、あなたの隣人を自分の如く大切にしなさい」と。律法学者はいとも簡単に、しかも得意げにユダヤ教のお題目を唱える。
まさにその時、イエスの逆説的響きを込めた笑いが聞こえてくる。「よく知っているじゃないですか。それを実行してみてくださいよ。そうすればいとも簡単に永遠の命が得られるでしょうに」。

前述したように、食前の手洗い等、些細などうでもいい掟に対しては、外見上、忠実に守り実行しているファリサイ派律法学者は、イエスのその言葉を聞き、頭に来て、この野郎、言いやがったな、「それじゃ私の隣人とはいったい誰か、先生はどうお考えか言ってみてくださいよ」と畳み掛ける。

「隣人」というのは、イエスの時代、はっきりとした概念を持っており、それは選ばれたイスラエルの民に属し、ユダヤ教の掟に忠実で敬虔な仲間内のことを「隣人」と言っていた。しつこい問い掛けにカッと来たイエスは、ここで冷静に「よきサマリア人」の譬えを語る。大筋、次のごとし。

ある人がエルサレムからエリコに下っていく途中、強盗に襲われる。盗賊どもはその人の着ているものをはぎ取り、滅多打ちにし、半殺しにしたままそこを立ち去る。その現場をいろいろな人が通りかかる。たまたま当時尊敬されていた祭司がその道を下って来る。しかし、横たわっている人を見ると、見て見ぬ振りをして道の向こう側を通り過ぎる。次に祭司より格下の、宮の宗教的公務に服するレビ人[25]もその現場にやって来るが、これまたその人を見ると黙ってそっと通り過ぎてゆく。

すでにユーモアの箇所で指摘したように、通常イエスの譬え話の論法では、その譬え話の中に現場の論敵を登場させる。従ってまた、ここでの論敵である律法の専門家も、祭司・レビ人ときたので次は自分たちが通りかかる人物として言及されると予想したかもしれない。しかしここでイエスは律法学者の登場をあえて避けた。その理由の一つには「よきサマリア人」の譬え話は、イエス自身旅人として半死半生に遭遇した類似体験に基づいて語られた可能性があり、実際に祭司やレビ人だけが通りかかったのかもしれない。もう一つの可能性は、ここでの論点が「私の隣人とは誰か答えてみよ、常日頃律法を批判し、大切な安息日の掟も堂々と破っているイエスよ、隣人という概念をお前は本当に理解しているのか」という挑みに対する憤りに基づいてイエスはこの譬え話を語り始めたため、あえてこの箇所では弱者を無視する祭司やレビ人と共に律法学者を登場させて批判するのを抑え、この譬え話の最後に律法学者自身に対して、「この三人のうち誰が強盗に襲われた人の隣人になったか」を、ズバリ問い質すためであったと考えられる。

祭司、レビ人の次にファリサイ派、律法学者が登場すると自ら予想したかもしれないが、そこは肩透かし、イエスはなんと律法学者たちが差別し忌み嫌うサマリア人を登場させる。

祭司やレビ人が強盗の被害に遇った半死半生の男に近寄らなかったのは、死んでいるかもしれぬ男に触れて、汚れの掟を破ることを恐れ、用心して道の向こう側を通って行ったのであるが、そのサマリア人の旅人は倒れている男のそばに近づいてゆく。

道端に倒れている人を見てそっと通り過ぎるのは、今日でも同じである。我々は多くの理由をつけて、近づいてゆくことを拒む。しかし現代でも、全く吸い込まれるように、今苦しんでいる人、倒れて身動きできない人のもとに近づいてゆくマザー・テレサのような人物もいる。サマリア人も死に瀕《ひん》している旅人に近づいて行った。そして、かわいそうに思い、何とかしてあげようと心を動かす。ここで使われているギリシャ語の動詞スプランクニゾマイについては既に説明した。心の底から、内臓から込み上げてくるどうしようもない情動がサマリア人を動かしたのである。

そばに来たサマリア人は、オリーブ油とぶどう酒を傷に注いで包帯をし、自分のろばに乗せて宿屋まで連れて行き、そこで介抱してあげる。それればかりではない。翌日このサマリア人は宿屋の主人に二デナリのお金を渡し、次のように言う、「この人を介抱してあげてください。もしこれで足りなかったら、帰りがけにここを通った時お払いします」と。

さて、ここからが結論部である。イエスは喧嘩を吹っかけられた律法の専門家に問いかける。「さて祭司、レビ人、サマリア人の三人のうち、誰が強盗に襲われ半死半生の目にあった人の隣人になったと思うか」と。律法学者は答える、「その人を助けた人です」と。そこでイエスは「行って、あなたも同じようにしなさい」と言う。

「隣人とは誰か？」と問われ、「隣人とは誰々である」と答える時、隣人の枠から外れた人はもはや隣人ではなくなる。イエスはまずその枠を取り払えと言う。枠や壁を打ち破り、自ら苦しんでいる人、悲しんでいる人に近づいて行き、その人の隣人になりなさいと言う（巻末「追記２」参照）。

以上の一連の「よきサマリア人」の話の中で、イエスの笑いが仄《ほの》かに聞こえて来るのは、次の二カ所である。

⑴律法学者がイエスの法の知識を試そうとして、「永遠の生命を得るには何をすべきか」と尋ねる。イエスが「律法には何と書いてあるか」と逆に律法学者に問い返す。律法学者は当時の夥《おびただ》しい数の掟（通常六一三の戒め）の中の最も重要な掟として、いわゆる《愛の二戒》を自慢げに答える。一つは神への愛で、朝夕唱える「シェマの信仰告白」を、もう一つは隣人への愛を。隣人への愛は、例えば、二世紀初めの第二次ユダヤ独立戦争の指導者であったラビ・アキバが、律法の中で最も重要で、包括的な基本の戒めとして「おのれの如く汝の隣人を愛すべし」と喝破する如く、イエスの時代も《愛の二戒》は言わば当時のユダヤ教の世界の常識でもあった。

そういう状況の中にあって、重要な安息日の掟に対しても、「安息日は人間のためにあるのであり、人間が安息日のためにあるわけではない」（マルコ二の二七）などと言い、眼前で苦しみ病んでいる人を、医療行為を行ってはならない安息日に癒《いや》し回復させる、そうした律法批判者であり、平気で掟を破るイエスが、どのような見識をもっているか試そうと、律法学者は嫌味を込めてイエスに尋ねたのがこの場面である。

その嫌味な質問に対し、逆に質問を投げ返し、「律法には何と書いてあるか、諸君はどう読んでいるか」とイエスは律法学者に尋ねる。彼らが得意げに答えたのが、いわゆる《愛の二戒》である。そこでイエスは笑いつつ言う。

「私にわざわざ尋ねなくても、よく知っているじゃぁないですか。それを実行してみてくださいよ。そうすりゃぁ永遠の生命なんて簡単ですよ」。イエスの笑いが微《かす》かに聞こえて来るではないか。

(2)もう一つの笑いの可能性は、これはむしろイエスが心の中で笑いつつ、表面的には平然と譬え話を語り続けたであろう箇所で、「身ぐるみはがれ、叩きのめされ、半殺しで放置されていた」男を、横目で見ながら通り過ぎてゆく人物として、一番目に祭司、二番目にレビ人ときたので、三番目は「常日頃、ファリサイ派、律法学者らを手厳しく批判しているイエスのことだから、きっと次は我々の登場となるだろう」と、聞き手の律法学者が考えるだろうことをイエスは見抜き、そこで見事に肩透かしを食らわせ、常日頃彼らが差別の対象として蔑視している「サマリア人」を登場させた時、イエスは心の中で洒落《しやれ》っ気たっぷりに、さりげなく笑ったのではなかろうか。その余裕あるイエスの笑いが、また微かに微かに聞こえてくる。

社会的構造悪に対する、イエスの逆説的な挑戦を込めた笑いの例として「よきサマリア人」の譬え話を挙げたが、「よきサマリア人」の話が含む社会悪とは、宗教というものが社会生活の全体を支配する時、例えば「隣人」という言葉も、はっきりとした概念を帯びてくる。すなわち「隣人」とは、選ばれたイスラエルの民であり、同じ信仰共同体に属する敬虔な仲間に適合される。そして、「隣人」の枠の外にいる者、同じユダヤ人であっても、律法に無知でそれを守らない「地の民」と呼ばれる人や、サマリア人を含むユダヤ人ではない異邦人などは、汚れたものとして排除された存在となる。そうした雁字《がんじ》搦《がら》めの宗教性が齎《もたら》す社会的構造悪に対する渾身の怒りを込めた、イエスの逆説的笑いである。

ここでもう一つ、逆説的笑いではないが、ユダヤ人でもなく、サマリア人でもなく、ギリシャ人として生きていた、フェニキアの女の機知に対するイエスの明るい苦笑が感じとれるエピソードを取り上げておこう。

㋺フェニキアの女の機知

この話は、イエスの死後創作された匂いがするので、採用は躊躇したが、マルコの特徴(一)「休息」の重要性、(二)民族意識の希薄性、(三)イエスへの絶対憑依《ひょうい》)がよく表れている、微笑ましいエピソード故、あえて取り上げてみよう。

なぜイエス生前の話でない可能性があるかというと、ここに登場する異邦人(ユダヤ人でない人)の女が、イエスに対し「主よ」(マルコ七の二八)と呼びかけていることである。この呼びかけはマルコではこの一箇所のみである。後にマルコを見ながら編集しているマタイでは一九回、ルカでは一六回出てくる。これはイエスの死後、イエスが神格化されていく過程で、ユダヤ教徒が神に対して呼びかける「主よ」をイエスにも適用したことを示しており、イエス生前には誰もイエスに対して「主よ」とは呼びかけなかった。

マルコ七章二四~三〇節に出てくるこの話は、地中海東岸のガザよりもずっと北の、ガリラヤ地方より更に北の港町テュロス(ツロ)(図Ⅳ参照)での出来事である。

フェニキア地方(図Ⅳ参照)生まれのギリシャ人の女がいた。その娘は悪霊に取り憑《つ》かれていて、娘から汚れた霊を取り除いて欲しいと常日頃願っていた。ある時イエスがフェニキア方面にやって来た。イエスは旅の疲れもあって、人に知られることを欲さず、休息したいと思っていた。

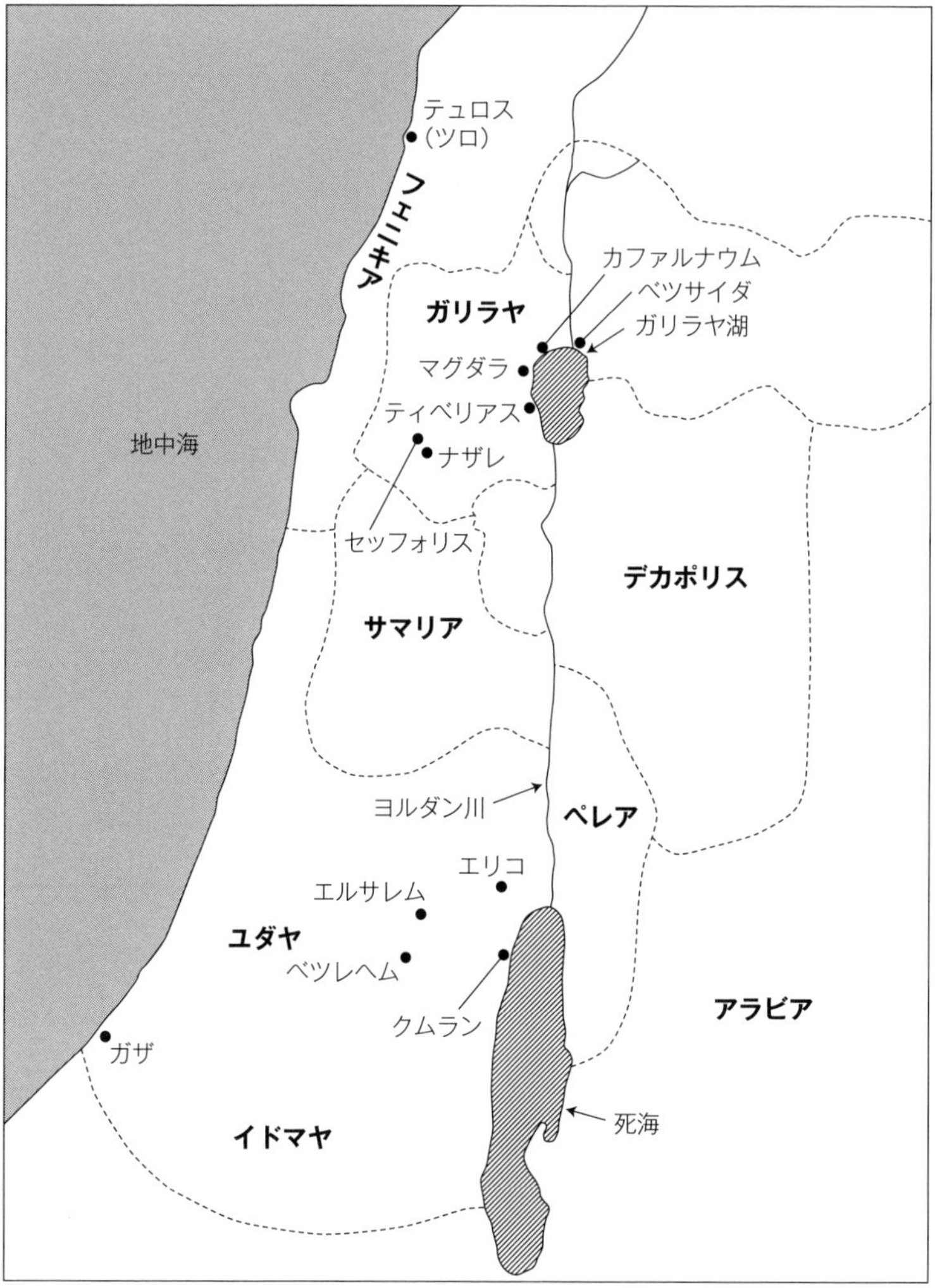
テュロス
(ツロ)
フェニキア
カファルナウム
ベツサイダ
ガリラヤ湖
ガリラヤ
マグダラ
ティベリアス
地中海
ナザレ
セッフォリス
デカポリス
サマリア
ヨルダン川
ペレア
エリコ
エルサレム
ユダヤ
ベツレヘム
クムラン
アラビア
ガザ
死海
イドマヤ

〔図Ⅳ〕イエス時代の地理

イエスが家に居ることを聞きつけた女は、イエスの所にやって来て、足元にひれ伏し、どうか娘から悪霊を追い出してほしいと頼んだ。

イエスは女に言う、「まず子供らが満足するよう食べさせよ。子供らのパンを取って子犬らに投げてやるのはよくない」と。女は応える、「はい、主よ。食卓の下に居る子犬らも、子供らのパンくずを食べます」と。

マルコが伝えるこの記事から、マタイは子供はユダヤ人、子犬は異邦人の比喩だと解釈し、編集上、次の言葉をイエスの口に乗せてしまう。「私はイスラエル人の家の失われた羊の所にしか遣《つか》わされていない」（マタイ一五の二四）。

マルコにはマタイのような、あるいはルカのような民族意識はない。マルコにとって大事なのはオクロス（ὄχλος）すなわち「名も無き民衆」である。マルコにとってラオス（λαός）すなわち「国民あるいは選民イスラエル」は重要ではない。ラオスという語をマタイは一四回、ルカは三六回使用するが、マルコにおいては七の六のイザヤ書二九の一三の「七〇人訳」の引用と、一四の二のオクロスと同義の群衆という意味で使用した二回だけである。「イスラエル」という語も、マタイ一二回、ルカ一二回に対し、マルコは「シェマの信仰告白」の引用文を含め、二回だけである。結論として、マルコ自身には、マタイやルカのような民族意識はない。

以上を踏まえると、フェニキアの女との対話は、もっと素朴な、もっと愉快な話になる。

イエスは長旅の疲れで「休息」したかった。自分は今、休息を必要としている。必要としているこの休息を奪ってはいけないよ、と女に言う。その女の応答が実に機知に富んでいた。その休息の必要を奪う熱心さで、娘の病気の回復を切に願う。そこにはイエスへの揺るぎない絶対的信頼があった。しかもイエスの言葉をみごとにユーモアと機知で一蹴した。

イエスは笑った。聖書には書かれていないが、確かにイエスは笑った。この女、やるな、一本取られた、と明るく微笑んだに違いない。イエスは快く女の願いを聞き入れ、「もう大丈夫、娘さんは回復するよ、家に帰りなさい」と優しく語りかけた、心温まる物語である。

㋩カエサルのものはカエサルに、神のものは神に……

これから言及する構造悪は、経済に関わる問題、具体的には税金に関わる問題であり、当時の神殿の在り方がそうした問題に直接関与している。果たしてイエスは、具体的にどの言葉のどこで、憤りを込めて笑ったのであろう。もちろん、福音書に笑いという言語は登場しないが、我々はその笑いを何とか嗅ぎ取ることができるだろうか。挑戦してみよう。

この言葉に込めるイエスの真意、そしてそこにイエスの笑いを感じ取ることができるかどうかを検証するため、イエスが生きた風土や時代背景をいろいろな角度から眺めておこう。

ヘロデ大王の系図（図V）とF・ヨセフスの『ユダヤ古代誌』を頭に入れながら福音書を読むと、イエスを取り巻く周辺の歴史的状況をより具体的に押さえることができる。例えば、オスカー・ワイルドやつかこうへいの戯曲、ギュスターヴ・モローの絵画等で知られる「サロメの踊り」は、マルコ福音書六章一七～二九節を元にして、それが次第に変形されたものであるが、洗礼者ヨハネの首を要求した事で、悪女の代表とされるサロメの母ヘロディアの、女としての別の

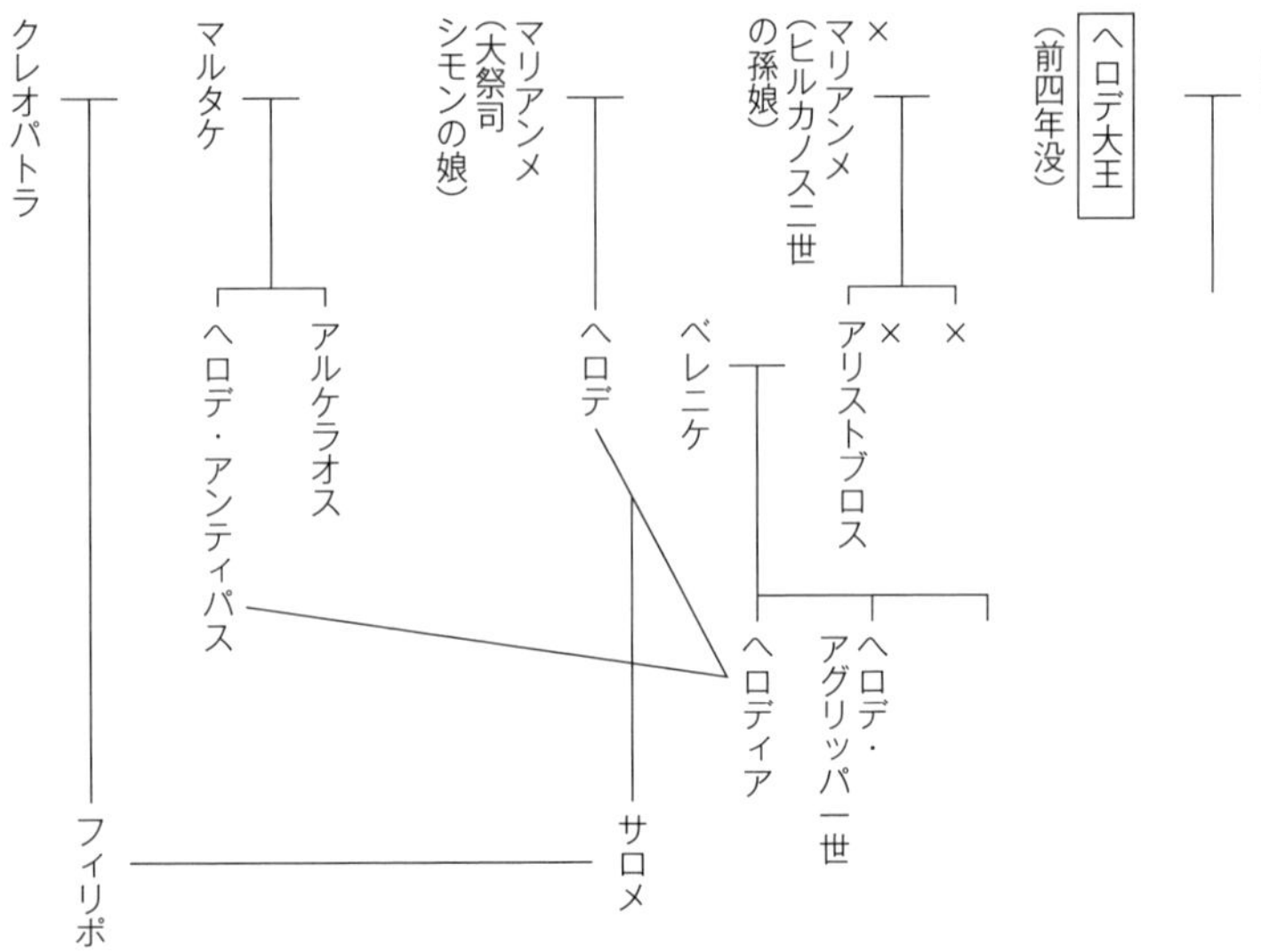

〔図Ⅴ〕ヘロデ大王の系図
F・ヨセフスの『ユダヤ古代誌』に基づく。本文に出てくる人物のみにとどめる。× はヘロデ大王によって殺害された人物。

一面を、ヨセフスの『ユダヤ古代誌』から窺い知ることができる。その内容は以下の如し。

ヘロデ大王は五人の妻、すなわちドリス、ヒルカノス二世の孫娘マリアンメ（ヘロディアの祖母）、大祭司シモンの娘マリアンメ、マルタケ、クレオパトラを持つ。その一人の妻マルタケの二人の息子が、ユダヤ、サマリア地方の領主であったアルケラオスと、サロメの踊りの場面に登場するガリラヤ（図Ⅳ参照）の領主ヘロデ・アンティパスである。

このヘロデ・アンティパスこそ、イエスが「行って、あの狐に言え」（ルカ一三の三二）と名指しした人物で、悪女ヘロディアと不倫の恋に陥り、政略結婚であったアラビア王アレタスの娘と別れ、ヘロディアを妻とする。後にヘロディアの兄ヘロデ・アグリッパ一世の陰謀に基づき、当時のローマ皇帝カリグラによって、終身の流刑として、ガリア地方のルーグドゥーノンに追放される運命を辿る。

その時、カリグラはヘロディアに対し、夫と縁を切って、兄の庇護の下に、ガリラヤに残って幸せに暮らす選択肢を提案するのだが、ヘロディアは「今まで夫の幸福に与った私が、今や夫が逆境に陥ったからといって、夫を見捨てるのは正義に反します」と、きっぱり提案を退ける。カリグラはこの返事に怒りを覚え、財産を取り上げてヘロディアの兄アグリッパに渡し、夫アンティパスと共にヘロディアも流刑に処する。

極悪非道な祖父ヘロデ大王によって、溺愛の末嫉妬に狂って祖母マリアンメは殺害され、父アリストブロスも殺される。そして、気が付いてみれば父の腹違いの兄弟（マルコ福音書とヨセフスの『古代誌』ではヘロディアの最初の夫に食い違いがある）と結婚させられていたヘロディア。悪女の代表とされるのは、正しい人であった洗礼者ヨハネが、「自分の兄弟の妻を奪うのは許されない」と、現在の夫ヘロデ・アンティパスを糾弾したため、常日頃ヨハネを殺したいと企んでいたヘロディアが、アンティパスの誕生祝いの機会にヨハネの首を要求し、娘サロメを通じて盆に載せて持って来させたためである。しかし、そのヘロディアの運命を振り返る時、近親相姦の血《ち》腥《なまぐさ》いドロドロとした家系に育ち、父の腹違いの兄弟との結婚を余儀なくされた境遇の中、ある日ヘロデ・アンティパスがローマへの旅の途中、すでに結婚していたヘロディアの家に立ち寄った際、一目惚れした彼の強引な求婚を受け、ヘロディアにとっても初めて知った純粋な恋であったということ。ヨセフスの『古代誌』によれば、ヘロディアはこの求婚を受け入れ、「彼がローマから帰国次第、夫をのりかえることを約束したが、それにはアレタスの娘を追い出すということを条件とした」とある。そうした運命を背負ったヘロディアの、妖婦《ようふ》・毒婦とは言い切れない女としての切ない一面を、先ほどのカリグラの提案に対する彼女の応答の中に窺い知ることができる。

さて、イエスの時代、パレスチナの住民は、ローマへの人頭税と、神殿に納める神殿税に関わっていた。先ほど述べたヘロデ大王の妻マルタケの息子アルケラオスは、紀元前四年から紀元後六年までユダヤ、サマリア地方の領主として統治するが、失脚の後はローマ帝国の直接支配がユダヤ、サマリア地方に及ぶ。ローマ帝国はキリニウスを遣《つか》わして住民登録の台帳作りを始める。こうした台帳作りは、いつの時代も往々にして細大漏らさず税金を搾り取る目的を持つ。

ところで、イエスは確かにユダヤ人であるが、エルサレムがあるユダヤ地方で生活したのではなく、また「よきサマリア人」のサマリア地方で生きたのでもなく、サマリアの北、ガリラヤ地方で、ガリラヤなまりのアラム語を話しながら、ガリラヤ湖畔を生活の場とした。イエスの活動の拠点はガリラヤ湖畔の町カファルナウムであったことは、福音書の関連なき二つの資料からわかる。

関連なき資料というのは、例えばマタイはマルコを手元に置いて書いているのであるから、マルコの資料をマタイがそのまま書き写したならば、それは同じ一つの資料であって、たとえマルコとマタイの二カ所に、イエスの拠点はカファルナウムとあっても説得力がない。しかし、関連なき二つの資料が指摘しているならば、その事柄は信憑性が高い。

一つの資料としてマルコ二章の冒頭に「数日たって、イエスが再びカファルナウムに入ると、彼が家に居ることが知れ渡った。それで多くの人が集まったため、戸口の所まで隙間もないほどになった」とある。マルコはカファルナウムをイエスの居住地として、何度もイエスがそこに帰って来る様子を描いている。そしてまた、その出来事とは全く関係のない他の資料として、マタイ一七章二四〜二七節がある。いわゆる「ペトロの魚」が登場する場面であるが、神殿税の徴収者が、カファルナウムをイエスの生活の主たる居住地と見なして、そこに集めに来ている。旅人であったイエスの落ち着く場所は、ガリラヤ湖畔、マグダラとベツサイダの間の町、カファルナウムであった可能性は高い。

ナザレのイエスと呼ばれるごとく、イエスはガリラヤ地方の山間《やまあい》の村ナザレで育ち、その時期は定かではないがいつしかガリラヤ湖畔に生活の場を移し、その町々村々で仕事をした。当時のガリラヤ湖畔の大きな町ティベリアスやナザレ近郊のセッフォリスではなく、マグダラのマリアの出身地マグダラでもなく、その北東に位置するカファルナウムを生活の拠点とした。

こうした事実からイエスはガリラヤの住民であったことが判明するが、ローマ帝国の直接支配地域であるユダヤ、サマリア地方の住民ではなかったため、イエスはローマ帝国への直接人頭税を払う立場にはなかった。イエスが関わった税金は、むしろ神殿税の方であり、ユダヤ人の成年男子は、パレスチナ以外の離散した者も含め、毎年定まった額の神殿税(26)を支払わされた。

当時の神殿は、祈りの家というよりもユダヤ社会の構造悪そのものであり、神殿税のみならず、全収穫物の十分の一の献納も義務づけられ、こうした庶民から搾取した金銭や献納物が神殿に、神殿貴族たちに流れ込む構造になっていた。いわば〝坊主丸儲け〟の構造である。更に加えて、不在地主として君臨するエルサレム貴族による大土地所有が、パレスチナのあちこちに及び、ガリラヤ住民としてのイエスは、エルサレム神殿そのものの中に、社会の構造悪が潜んでいることを、常日頃見抜いていたに相違ない。

イエスにまつわる映画に必ずと言っていいくらい登場する、あの「宮潔め《みやきよ》事件」（マルコ一一章一五～一九節）、チェスタートンの項目で語った、神殿で商売している者らを追い出し、両替人の机や、鳩を売る者の椅子を引っ繰り返す場面を思い出してみよう。初めてイエスにまつわる映画を観る人は、この場面に少なからず驚きを覚えるであろうが、実はこの事件は極めて重要である。「宮潔め事件」に関わる福音書の関連箇所を読むと、一見この事件は商売人を神殿から追い出し、祈りの家として神殿を潔める、イエスの宗教的敬虔さの現れの出来事のように思われる。

しかし、そうだろうか。ここでの商売も当時の神殿の悪質な構造に加担していたのではなかろうか。両替人や鳩売りの存在も参詣者にとってなくてはならない存在であった。なぜなら、遠方からエルサレムに来た参詣者は、そこで必要な物を買って奉納した。比較的貧しい人らは鳩を買って代用した。また、貨幣も皇帝などの肖像のあるローマの貨幣を神殿に納めることはできなかったため、納めることができるシェケル貨幣に両替してもらってから納めた。だから、そうした商売活動は当然神殿の経済構造の一端を担っていた。

神殿の境内は、祭りの屋台のように店屋で賑わっていたことだろう。その店屋の場所代などもみな神殿に流れ込んだ。要するにこの事件は、単にイエスが商売人の机を引っ繰り返して、神殿から商売活動を除去し、神殿を潔めたという出来事ではなく、まさにイエスが政治的経済的権力中枢へ、いわば当時の社会の構造的悪の巣窟へ殴り込みをかけた一大決心の出来事である。

だからこそ、マルコの関連箇所の一一章一八節に記されているように、祭司長らはイエスを恐れ、どのようにしてイエスを殺害しようかと探り始めたのである。イエスの事を噂では聞いていたけれど、ガリラヤの田舎でファリサイ派、律法学者らと論争したり、重要な安息日の掟を破ることについては何とか聞き流していても、現実に権力中枢にメスを入れられた時、もう生かしてはおけないと判断したのである。

大祭司カヤファの言葉、「一人の人間が民のために死ぬ方が、民族全体が滅ぼされるより得策である」（ヨハネ一一の五〇）が実現すべく、まさに、社会やグループの中に不和を生じさせる者が出た時、その一人に集中し、その一人をグループから追い出すことによって群れの平和を取り戻す、人間の本能的集団暴力の構造に、イエスが巻き込まれたことを示している。

神殿事件の後、エルサレム当局によるイエス殺害の共謀があったことは確かであり、おそらくその時期を境に、イエス自身も公然とは動きまわれず、身を隠すべく逃亡したことが福音書から窺われる。

「宮潔め事件」はマルコ福音書とヨハネ福音書では起こった時期について相違があるが、いずれにせよ、イエスの晩年の極めて象徴的な出来事であり、当時の神殿の在り方に対するイエスの渾身の思いが込められている。

神殿に対してそのような思いを抱いていたとするなら、当然神殿税に対しても快く思っているはずがない。ずばりその事を暗示しているのが、先ほど述べたカファルナウムで起こった「ペトロの魚」の出来事である。

マタイ一七章二四〜二七節に次のような話が記されている。場所はイエスの生活の拠点と推測されるカファルナウム。そこへ神殿税を徴収する者がペトロのもとにやって来て、「お前さんらの先生は神殿税を納めないのか」と問い質《ただ》す。この問いかけそのものが、イエスが神殿税を納めていなかったか、あるいは渋っていたことを示している。

イエス自身が神殿税を支払わなかった事実がなければ、マタイがわざわざイエスの名誉にもならない、脱税の匂いのする記事を収録するとは考えられない。この箇所は、神殿税を支払わなかったという歴《れっき》とした現実が前提としてある。そして、その事実以外のここに描かれるその他の背景の出来事は、むしろイエスの死後作り上げられた伝説の匂いが濃厚であるが、捨て去り難いユーモラスなエピソードが語られている。

納入金を集めに来た者の「お前の先生は払わないのか」との問いかけに対し、ペトロは「払うとも」と答え、イエスのもとに行くと、イエスはペトロに「海に行って釣りをして来なさい。最初に釣れた魚をとらえ、その口を開けると銀貨が見つかるから、それで俺の分とお前の分を払っておきなさい」と言う。

まさにこの魚が「ペトロの魚」であるが、学名をクロミス・シモニスといい、カワスズメの一種で、ガリラヤ湖はもちろん、数百万年続くアフリカの太古の湖タンガニーカ湖などにも今なお棲息している。黒鯛に似ており、ガリラヤ湖の特産物として、ローマ時代には塩漬にして輸出された。

この魚には面白い習性があって、口の中で卵を孵化《ふか》させる。そして孵化した稚魚は住み心地の好い母親の口から出ようとしない。そこで母親は湖底に沈んでいる小石や銀貨などを口に含むことによって、乳離れならぬ口離れをさせる習性がある。イエスはその習性を知っていて、ユーモアを込め、あるいは笑いを湛《たた》えながら、「釣った魚の口を開けたら銀貨が見つかるから、それで、俺の分とお前の分、神殿税を払っておきなさい」と言った可能性がある。奇跡というより、生物学的には十分起こりうる出来事である。

さて、いつの時代も庶民こそ税金で苦しみ、そしてまた徴収された税金はしばしば悪用されるが、イエスの時代は神殿貴族たちが懐《ふところ》を肥やしていた。税金にまつわる人口に膾炙《かいしゃ》したイエスの言葉がある。

それは「カエサルのものはカエサルに、神のものは神に返せ」とか、「皇帝のものは皇帝に、神のものは神に返せ」と訳される言葉である。この場合、ラテン語に従ってカエサルになったり、ギリシャ語に従ってカイサルになったりするが、ここではこの語は皇帝の意味で用いられているので、皇帝と訳してもよい。

この言葉は、カナダのドミニコ会の大学やスイスのフリブール大学で一〇年ほど学んでいた間、講義や講演を聴いたり論文を読んだりして考え続けた、イエスの興味深い言葉の一つである。マルコ一二章一三〜一七節に、以下のような問答がある。

言葉でもってイエスを負かしてやろうと、ファリサイ派の者とヘロデ派の者がイエスのもとにやって来る。ヘロデ派という名称は、マルコ福音書において三章六節と八章一五節（カイサリア型写本のみ）に、常にファリサイ派と対《つい》になって出て来るが、他の文献には出て来ず、定かなことはわからない。おそらくファリサイ派同様、ユダヤ教の教義に忠実な敬虔な輩《やから》であろう。またこの場面のファリサイ派は、当時の二つの派閥のうち、自由主義的なラビ・ヒレルの一派ではなく、おそらく伝統的ユダヤ主義で反ローマ的であったラビ・シャンマイの一派であろう。

まずはイエスを煽《おだ》てながら、「先生、あなたは真実な方で、誰をも憚《はばか》らない方だと存じています。人の顔色を窺わず、人によって差別することもなく、真実な仕方で神の道を教えておられる。ところで、皇帝に税金を納めることは許されることでしょうか、我々はローマに支払うべきでしょうか」と尋ねる。

さて、問題のイエスの笑いの可能性はここからである。イエスは彼らの偽善を見抜く。民族主義、ユダヤ主義の輩の問いかけに、もしイエスがローマ帝国への人頭税を「払え」と答えたなら、お前は神を蔑《ないがし》ろにしていると、いちゃもんをつけて糾弾するであろう。かつてガリラヤのユダという人物がいて（使徒行伝五の三七参照）、「ローマ人に税金を払うことを忍び、神の他に死すべき人間を支配者として承認するのは、恥である」と主張しつつ、ザドクというファリサイ派の人物とともに反乱まで起こしている。（ヨセフス『ユダヤ戦史』二の一一七以下参照）。一方逆に、イエスが「払うな」と答えれば、ローマ帝国への反逆者としてイエスを訴える口実を彼らに与えることになる。

イエスはこうした、彼らの腹黒い偽善を見抜き、怒りを込めてこの野郎と思いつつ、次のように言う、「なぜ私を試すのか、デナリ貨幣を持って来て見せなさい」と。彼らが持って来ると、イエスは「これは誰の肖像か、誰の銘か?」と尋ねる。彼らは「皇帝のものです」と答える。

イエスの笑いの可能性はこの時である。笑いつつ、イエスは問題の言葉を放つ。「皇帝のものは皇帝に、神のものは神に返しなさい」。

この場合、「皇帝のもの」すなわち「カイサルのもの」(τά Καίσαρος タ・カイサロス)及び「神のもの」(τά τοῦ θεοῦ タ・トゥー・テウー)というギリシャ語は、「カイサル」あるいは「神」の所有格に、「もの」という中性複数形を付けたものであり、具体的な事柄、事物を意味する。抽象的な事柄を意味する場合は、形容詞の中性複数形を用いる。つまりこの場合、カイサルのものは、ローマ帝国に払う人頭税を指し、神のものはずばりエルサレム神殿に払う神殿税を指す。

また、カイサルのものはカイサルに、神のものは神に返せと通常訳されている「返す」という動詞 ἀπο-δίδωμι(アポ・ディドーミィ)は、イエスの時代、税金の納入において普通に用いられていた動詞であり、ここでも税金を「納める」と訳すのが妥当である。

この言葉の通常の解釈、「政治的なものと宗教的なものを一緒にしてはならない」は無理である。なぜなら、政治的な領域とか宗教的な領域とか「領域」を区別して考える発想は極めて近代的であり、一世紀のパレスチナの人間は、イエスであれ論争相手であれ、そういう問題意識は持ち合わせていない。

以上を総合すると、マルコ一二章一七節の訳は、「ローマへの人頭税は皇帝に、神殿税は神に納めなさい」となる。しかし、こう訳したのでは、イエスの怒りも笑いも伝わってこない。これまで見てきた通り、イエスはかなり強烈な皮肉屋であり、特に論争物語、この話を含むマルコ一一章二七節から一二章三七節において、相手の問いかけに対し、相手の水準で直接的に応じるのではなく、相手方の水準そのものを転倒させる、逆説的姿勢で応じている。「よきサマリア人」の譬えをめぐる一連の論争でもそうであったように。

この言葉には、イエスが生きた社会において、根源的な構造悪、当時の神殿の在り方、すなわち貧しき者をますます貧しくする、神殿貴族による経済的搾取への激しい憤りが込められている。そういう現実に目を向けることなく、ファリサイ派の輩《やから》は、皇帝に税金を納めるのは正しいことかどうかとイエスを執拗に問い詰める。自《みずか》らはその神殿税を懐にねじ込みつつ、ローマへの人頭税よりも神殿税で多くの人が苦しんでいる現実に目を向けようとしない。

そこでイエスは笑って言った。

「皇帝のものは皇帝に納めればいいじゃないか。何しろ神様のものは神様にってんで、我々は神殿税をお納め申し上げさせられているんだからな！」(27)

以上、税金を巡っても、イエスが生きた現実社会が抱える経済的根源悪への、イエスの逆説的笑いを感じ取ることができる。

その一つは、カファルナウムに神殿税を取り立てに来た輩に対し、弱者である庶民を苦しめている神殿税をもちろん払いたくないが、逆説的笑いを込めて、ペトロに「海に行って釣りをして来なさい。最初に釣れた魚の口を開けると、銀貨が見つかるから、それでもってお前と俺の二人分を払っておきなさい」。確かにこの時、ユーモアと怒りを込めた、イエスの笑いが仄《ほの》かに聞こえてくる。

もう一つの笑いは、民族主義的踏絵としてファリサイ派に「ローマ帝国に税金を払うことは、正しい事か、正しくない事か」と問い質《ただ》された際、そこに悪賢い偽善と、イエスを陥れようとする策謀を見抜き、ここでもやはり、怒りとユーモアを込めて、「ローマへの人頭税はローマ皇帝に納めればいいじゃないか。我々はそれより遥かにきつい神殿税を、神にという名目で、しっかり支払わされているのだから」と。「カエサルのものはカエサルに、神のものは神に返せ」という人口に膾炙《かいしゃ》した言葉の中にも、耳を澄ませばイエスの逆説的笑いが微《かす》かに聞こえてくる。

㈡腹の中に入り、厠に出る

イエスの時代、庶民は余りにも多くの戒律で縛られていたが、その中でも食事は毎日のことであるから切実な問題である。イスラム教も複雑だが、ユダヤ教においては、エビやカニなどの甲殻類、牡蠣など貝類全般、イカやタコ、ブタやウサギやラクダなどの草食動物、昆虫全般、ワシやタカなどの猛禽《もうきん》類など、禁止事項は枚挙にいとまがない。イエスの時代のみならず今日に至るまで、多くの宗教が、あれは食べてはいけない、これは食べてはいけないと細目にわたって禁止事項を規定する。

そうした宗教的圧迫に対し、イエスの次の言葉は実に壮快で笑ってしまう。「……外から人の中に入ってきて、人を汚すことのできるものなど何もない。人の中から出てくるものが人を汚す」（マルコ七の一五）。この言葉の意味が弟子たちにはわからなかった。群衆を離れて家に入った時、弟子たちはイエスに尋ねる。その応えこそ、社会的構造悪に対するイエスの一喝であり、イエスの笑いが聞こえてくる。

「あなたたちまでも他の者と同じにものわかりが悪いのか。外から人の中に入ってくるもので人を汚すものなぞ有り得ないことがわからないのか。それは人の心の中に入るのではなく、腹の中に入り、厠《かわや》に出て行くだけである」（マルコ七の一八～一九）。

マルコ福音記者もイエスの言葉を正しく解説する。「食べ物はどんな食べ物でも全て清いものである」とのイエスの確信を編集句（七の一九）において伝えている。

この言葉の後半に、人を汚す、人間の心から出て来る悪しき考え（淫行・盗み・殺人・姦淫・貪欲・すなわち諸悪行・詐欺・放縦・悪しき眼・冒涜・高慢・すなわち愚かさ）が示されているが、イエスが本当に言いたかったことは、悪しき考えの羅列ではなく、むしろ先述の前半部であろう。宗教の名のもとに、毎日の食卓において、食べ物の禁止事項を細かく規制することこそ、不自然であり不合理である。全て与えられたものを有難くいただくことこそ、人間として当然あるべき姿である。清いものと汚れたものの領域を定め、「清さや聖性の領域」からはみ出したものを差別する社会的構造悪への、皮肉を込めた痛快な一喝の笑いが聞こえてくるのではないか！

4　社会的弱者への共感に基づく笑い

㋑右の頬、左の頬

「『目には目を、歯には歯を』と言われていることを、あなた方は聞いている。しかし、私はあなた方に言う、悪人に逆らうな。あなた方の右の頬《ほほ》を打つ者には、もう一つの頬を向けてやりなさい」（マタイ五の三八～三九）。

マタイ福音書五章の二一節から四八節まで、いわゆるアンティテーゼ、「反対命題」が六つ並ぶ。マタイ及びマタイ共同体の作業によって、みごと説教風に整理された部分である。前半の三つは、㈠殺すなかれ㈡姦淫するなかれ㈢離縁状を渡せ、とモーセの十戒に対して、イエスが「しかし私は言う」という形式である。後半の三つは、㈣偽りの誓いをするな㈤目には目を、歯には歯を㈥汝の敵を憎め、と旧約律法を用いてまとめている。

内容をよく吟味すると、第四項や第六項のごとく、確かに「反対命題」と言えるものもあれば、マタイ共同体による律法のより徹底した精神主義化によって、それを律法の完成と見なす傾向もあり、どこまでがイエス自身の言葉であるかを見抜くには、福音書全体から浮かび上がるイエスの言動や風貌から判断するしかない。

さて、イエスの笑いに関わってくるのは第五項である。冒頭の『目には目を、歯には歯を』は、ハムラビ法典や旧約聖書の出エジプト記二一の二四、レビ記二四の二〇、申命記一九の二一等に出てくる、古代オリエントにおいて通常知られた言葉である。

問題は次の言葉「悪人に逆らうな」である。「悪人」であって「悪に逆らうな」ではない。世の矛盾や諸悪と戦うイエスの姿を我々はすでに十分見てきたが、イエスは断じて「悪」を容認する男ではない。では、「悪人に逆らうな」という言葉の真意は何であろうか。ここで使われているギリシャ語の動詞は、ἀντι-ίστημι（アンティステーミィ）はἀντί（反対）＋ἵστημι（立ち上がらせる）で、その名詞のστάσις（スタシス）は、暴動、内乱、武装蜂起の意味を含む。ということは、ここでイエスは、悪人に対して報復的に暴力をもって逆らってはいけない、と言っているのだ。

以上を踏まえると、悪人に殴られた場合、次の二つの態度を断固拒絶しなくてはならない。その一つは、不当に悪人に殴られるままになって、相手の悪を容認してはならないということ。もう一つは、悪人の行為に対して、暴力や武装蜂起によって仕返しをしてはならないということ。

それではどうしろとイエスは言っているのか。それこそ次の言葉であり、この場面においてこそ弱き者への共感から来る、イエスの反抗的笑いが微かに聞こえて来る。イエスはにこりと笑い、殴りつけられた弱者に向かって言う、「あなたの右の頬を打つ横着な権力者どもに、左の頬を向けてやりなさい」と。マタイのこの言葉は、キリスト教徒もそうでない人も、多くの人が通常解釈するような、忍従の精神をイエスが奨励しているのではない。今、我慢すればやがて天国では報われるから、ここはしばし耐え忍んで、左の頬も殴らせてやりなさい、と言っているのではない。パウロは一コリント七の二一〜二四などで、そのようなニュアンスの言葉を述べているが、イエスは決してそんな生っちょろいことを口にするお方ではない。従って、『マチウ書試論』で吉本隆明が語る次の言葉も、イエスの真意を読み取ってはおらず、的を外している。

……かれらは、人間性の弱さを、現実において克服することのかわりに、陰にこもった罪の概念と、忍従とをもちこんだ。「悪人に抵抗するな。若し右の頰を打つものがあったら、またもう一方の頰もさし出せ。」もしここに、寛容を読みとろうとするならば、原始キリスト教について何も理解していないのと同じだ。これは寛容ではなく、底意地の悪い忍従の表情である。(28)

ここで「右の頰を打つ者には、もう一つの頰を向けてやれ」という言葉に込めるイエスの真意を明確にしてみよう。

イエスの時代、ユダヤ教の社会では、左手は不浄な行為を行う時にだけ用いられた。またユダヤ教律法も右利きの人間を基準にして作られている。死海文書の「宗規要覧」の中に、例えばクムラン共同体では、左手で何かジェスチャーをするだけで、共同体からの隔離と一〇日間の苦行が課せられた。(29)

要するに、人を殴る場合にも左手を使うことはなく、右手を使った。強者が弱者の右の頰を殴ってくる場合、強者の右手は手の甲を使わねばならない。例えば主人が奴隷を殴る場合、夫が妻を殴る場合、親が子供を殴る場合、男が女を殴る場合、ローマ帝国の権力者、あるいはユダヤ教の権力者が貧しい庶民を殴る場合、殴る者は皆、右手の甲で相手を侮辱した。

　そこでイエスは笑いながら、茶目っ気たっぷりに弱者に向かって言う、「右の頬を殴られたら、左の頬を向けてやれ」と。そうすると、侮辱を加える者は、右手の甲ではなく、右手の手の平か、こぶしで相手の左の頬を打たざるを得ない。すなわち、侮辱する者は手の甲で弱者の左の頬を打つことは不可能である。手の甲で相手を殴ることは侮辱を意味するが、手の平ないしこぶしで殴ることは、平等の人間同士の行為として了解される。侮辱を加えようとする者に対し、左の頬を向けることによって、我々は同じ人間なのだと、その仕草は告げているのだ(30)。

　ここに弱者を思いやるイエス、悪人の悪しき行為を容認するままに終わらせず、悪と闘う姿勢を促すイエス、そして同時に強者に対し、人間としての当然正しい行為を為すよう、回心（メタノイア）の機会を与えようとする、イエスの優しさを垣間見ることができる。「右の頬を打たれたら、左の頬を向けてやれ」この言葉を語る時、弱者を打ちのめす現実社会に対するイエスの反抗的姿勢の背後に、イエスのユーモアに富む笑いが、弱者の笑いと共にここでもまた仄《ほの》かに聞こえて来るのである。イエスのこの言葉は、決して弟子たちに向かって語られたものではなく、現実に不当な暴力に曝《さら》されることを余儀なくされた弱者に対して放たれた、小気味よい言葉である。

　人口に膾炙するイエスのこの言葉を、構造的暴力への非暴力による反抗的姿勢として解釈する時、現代の、例えばジーン・シャープ(31)の「戦略的非暴力闘争理論」の実践を促す、力強いエネルギーとなるであろう。

㋺不正な管理人

譬え話の変形について語った際、「我々が知りたいのは、変形以前の、生きたイエスがただ一度限りの具体的な状況の中で語った譬え話である」と述べ、その例として「不正な管理人」の譬え話を後に詳細に吟味することを約束したが、いよいよその検証に入ってゆこう。イエスの譬え話の中で、おそらく最も不可解な、何度読んでも意味不明の譬え話である。まずこの長い譬え話を、読者の多くが使用している『新共同訳』を用いて示してみよう。

【傍線・点線・記号・段落・分割等は筆者による】

(A)イエスは、〈弟子たち〉にも次のように言われた。

(B)「ある金持ちに一人の管理人がいた。この男が主人(I)の財産を無駄遣いしていると、告げ口をする者があった。そこで、主人は彼をよびつけて言った。『お前について聞いていることがあるが、どうなのか。会計の報告を出しなさい。もう管理を任せておくわけにはいかない。』管理人は考えた。『どうしようか。主人はわたしから管理の仕事を取り上げようとしている。土を掘る力もないし、物乞いをするのも恥ずかしい。そうだ。こうしよう。管理の仕事をやめさせられても、自分を家に迎えてくれるような者たちを作ればいいのだ。』そこで、管理人は主人に借りのある者を一人一人呼んで、まず最初の人に、『わたしの主人にいくら借りがあるのか』と言った。『油百バトス』と言うと、管理人は言った。『これがあなたの証文だ。急いで、腰を掛けて、五十バトスと書き直しなさい。』また別の人には、『あなたは、いくら借りがあるのか』と言った。『小麦百コロス』と言うと、管理人は言った。『これがあなたの証文だ。八十コロスと書き直しなさい。』

(C)主人(II)は、この不正な管理人の抜け目のないやり方をほめた。

(a)この世の子らは、自分の仲間に対して、光の子らよりも賢くふるまっている。

(b)そこで、わたしは言っておくが、不正にまみれた富で友達を作りなさい。そうしておけば、金がなくなったとき、あなたがたは永遠の住まいに迎え入れてもらえる。

(c)ごく小さな事に忠実な者は、大きな事にも忠実である。ごく小さな事に不忠実な者は、大きな事にも不忠実である。だから、不正にまみれた富について忠実でなければ、だれがあなたがたに本当に価値あるものを任せるだろうか。また、他人のものについて忠実でなければ、だれがあなたがたのものを与えてくれるだろうか。

(d)どんな召し使いも二人の主人に仕えることはできない。一方を憎んで他方を愛するか、一方に親しんで他方を軽んじるか、どちらかである。あなたがたは、神と富とに仕えることはできない。」

以上が「不正な管理人」の譬え話の全容である。ルカ一六章一節から一三節に記されているが、果たして読者はこれをイエスが語った一つの譬え話として、またそれに関するイエスの説明として、一貫した納得のゆく理解が得られるだろうか?

本体の譬え話は大文字のⒶⒷⒸであり、その本体について小文字の⒜⒝⒞⒟で譬え話の意味を、あたかもイエス自身が語ったかのように、いかにも本当らしく説明しているが、どの説明もイエスが語った譬え話の内容ⒶⒷⒸと乖《かい》離していて、さっぱりわからない。これはどこから来るのか。これこそ譬え話の変形を如実に示している。イエスが生きた現実の場で語った、一回限りの譬え話がある。そのイエスの、現実社会がかかえる矛盾に対する鋭い切り込みを理解できない伝承者、あるいは福音史家が次から次にそれぞれの解釈を、あたかもイエス自身の説教のように付け加え、イエスが現場で語った譬え話の真意からどんどんかけ離れていった一つの例である。

本体ⒶⒷⒸについて説明しよう。イエスの主張は明快である。

まずⒶであるが、ここでイエスはこの譬え話を〈弟子たち〉に語っているが(ルカ一六の一)、これこそまさに先に挙げたヨアヒム・エレミアスが指摘する、譬え話が福音書に登場するまでの、典型的な変形である。すなわち、イエスが語った現場から離れ、多くの譬え話が〈弟子たち〉への勧告の形で整理された。「不正な管理人」の譬えも、決して〈弟子たち〉に向かって語られたものでなく、エチエンヌ・トロクメが指摘する如く、ここに登場する管理人に向かって語られたものであろう。例えばイエスが管理人の家に招かれた時、かつて金持ちの男が不安気に、「善い先生、永遠のいのちを受け継ぐには、何をすればよいのでしょうか」(マルコ一〇の一七)とイエスに尋ねたように、管理人も不安気に尋ねたのであろう。おそらく、結構悪事もしてきたであろうその管理人は、過去への痛悔と謙遜を込めて、自《みずか》らの将来をイエスに託すが如く、目の前のその人に質問したのであろう。その時イエスは、力強くその管理人に向かって、この譬え話を語り始めたのだ。

そして、イエスの笑いが聞こえて来るのは、まさにこの場面である。イエスは痛快な笑みを浮かべて管理人に話し始めた。もしこの場合、〈弟子たち〉に話しかけたのであれば、この強烈なインパクトある譬え話の迫力は完膚《かんぷ》なきまでに消えてしまう。

さていよいよ(B)および(C)の部分、譬え話の内容そのものに入ってゆこう。イエスの意図は、これまで述べてきたイエスの思いや風貌と全く齟齬《そご》なく、簡単明瞭である。まず、いわゆる「不正な管理人」の譬え話における登場人物を整理してみよう。

㈠主人(Ⅰ)＝当時の大土地所有の制度における不在地主であり、エルサレムに住みながら、働くことなく懐《ふところ》を肥やしている大金持ちの神殿貴族。冒頭のある金持ち。

㈡管理人＝主人(Ⅰ)に仕え、現場に顔を出さず都《みやこ》で胡坐《あぐら》をかいている主人に代わり、現場に赴いて小作人から年貢を取り立てる執事。

㈢小作人＝年がら年中、汗水垂らして作物を育て、小作料を主人(Ⅰ)に納めるのだが、あくどい搾取に応じきれず、膨大な借金を抱えてしまう農夫。

㈣主人(Ⅱ)＝(C)に一度だけ登場する「主なる神」。

ある金持ちすなわち(B)に登場する主人に一人の管理人がいた。この管理人は常日頃、主人の財産をばら撒《ま》いていた。『新共同訳』が無駄遣いをしてと訳している δια-σκορπίζω ディアスコルピゾーは、以前「放蕩息子」の譬え話（ルカ一五の一三）で語ったように、σκορπίζω（散らす）に強調の接頭語 δια を付けたもので、本来の意味は、散らす、ばら撒くである。常日頃イエスは余剰の金は貧しい人に「ばら撒き」なさいと言っており、この管理人がもし貧しい人に金を「ばら撒く」癖《くせ》があるとすれば、『新共同訳』が「無駄遣い」と訳す如き非難されるべき癖ではなく、それは逆にイエスの思いに一致し、称賛に値するものである。

ところがこの管理人がばら撒いていた金は自分のものではなく、大地主（主人(Ⅰ)）から預かった金であった。ある者の告げ口によって、この管理人が主人の財産を散財していることを知った大地主は、管理の仕事を取り上げようとする。そこで管理人は考える。首になる前に、思い切って、大地主に大量の借金を抱える小作人の、借金証書を書き直してやろうと。汗水流して働く小作人の窮状を最も肌で感じ取っていたのは、現場で酷《むご》い取り立てをしていた管理人である。働くことなく、現場に足を運ぶでもなく、都《みやこ》で踏ん反《ぞ》り返って大金をため込んでいる大地主の主人に対し、「首にしたけりゃすればいい」と腹の底では思っていたのだろう。どうせ首になるなら、どうにもならない大量の借金を抱えている小作人の借金を棒引きしてやろう。そうすりゃ首になった後、貧しい小作人は、こんな自分でも友として迎え入れてくれるだろう。これが譬え話の内容である。

こうした振る舞いをした管理人を神さまは誉《ほ》めたという話である。ここで、(C)の主人(Ⅱ)が、(B)に登場する大地主なる主人(Ⅰ)と同一であるなら、この譬え話自体矛盾する。

もちろん、この管理人はイエスが語る譬え話の文脈の中では「不正な」管理人ではなく、従ってイエスが現場で語った譬え話の中には、「不正な」という形容詞は含まれず、イエスの譬え話の真意を汲み取ることができなかった伝承者またはルカが付加した言葉であると考えるのが妥当である。

いかにもイエスらしく、この痛快な譬え話を語る姿の中に、搾取する者に対する反抗と、搾取される弱者への共感からくるイエスの笑いを、不安から解放された管理人の安堵《あんど》の笑いとともに感じとることができる。

㈧情欲をもって女を見る者は……

「情欲をもって女を見る者は誰でも、すでに心の中で女を姦淫したことになる」（マタイ五章二八節）。

聖書を開いたことのない人も、この言葉はどこかで耳にしたことのある、何とも執拗に心に纏《まと》い付いて離れない言葉である。こんなことを言われたら、普通の健全な男性なら、おいおい、そこまで言うなよ、それは余りにも途方もない要求だよ、と言いたくなる。フラシスコ会訳聖書の翻訳のように「その女に対し心の中ですでに姦通の罪を犯したことになる」と、わざわざ罪という語を加えて訳されると、あー、おれは今日も罪を犯したなということになってしまう。

イエスは我々ができもしない事は決して語らない。なぜなら、できもしない事を「やれ」と言っても無意味だからだ。人間にとって実行不可能な内容が、イエスの口からこぼれている場合、我々はその言葉を鵜呑《うの》みにせず、立ちどまって考える必要がある。イエスが生きた歴史の現場で、本当に自《みずか》らその言葉を口にしたのか？　原始キリスト教の形成過程の中で、教会運営の観点からその共同体がイエスの口に乗せてしまった言葉ではないのか？　確実にイエス自身が語った言葉だとしたら、どういう状況で、どういう思いを込めて語ったのか？　想像力をたくましくして吟味する必要がある。

目下我々が扱っている問題である、福音書の中には「笑った」と表現されてはいないが、イエスはその言葉を笑いながら語った可能性は残されていないか？　あるいは、平然として言ったのか？　怒りながら言ったのか？　皮肉を込めて逆説的に語っている場合も、温かいユーモアの雰囲気に包んで言った可能性もあれば、ぐさりと辛辣な皮肉を込めて語った可能性もある。「情欲をもって女を見る者は……」の言葉に込めるイエスの真意を探るために、どうしても知らねばならないのは、イエスの時代のユダヤの社会における一般的な女性観はいかなるものであったか、という問題である。

イエスの時代の女性観を把握する上での重要な文献は、聖書は言うに及ばす、ユダヤ教の聖典の一つ『ミシュナー』である。『ミシュナー』の解釈が『ゲマラ』と呼ばれ、両者が合わさって『タルムード』を構成する。ちなみに『ミシュナー』は、ラビ・アキバ（五〇～一三五年頃）が口火を切り、弟子ラビ・メイル（一一〇～一七五年）があとを継ぎ、最後に総主教ラビ・ユダ・ハ・ナスィ（一三五～二一七年）が莫大な伝承を集大成したものである。

ミシュナー及びタルムードは、社会生活、宗教生活、果ては私生活に至る生活全般に関わる律法書である。その中で女性は、一方では家庭生活の中で重要な役割を認められ、女性に対する敬意も払われているが、他方で、「男性は毎日三つの感謝の祈りを捧げる必要がある。すなわち、かのお方がわたしをイスラエル人に造られたこと、かのお方がわたしを女に造られなかったこと、かのお方がわたしを無教養なものにされなかったことである」（バビロニア・タルムードのメナホート四三b）などの記述が見られる。

また、「離縁状についての規定」には、旧約聖書の申命記二四章一節に「人が妻をめとって、その夫になってから、妻に何か恥ずべきことを見い出し、気に入らなくなったら、離縁状を渡して家を去らせねばならない」と記載され、その「恥ずべきこと」をめぐって、ラビたちの解釈が、『ミシュナ』の結婚や離婚に関する「ナシーム」という項目の離婚の箇所、ギッティン九・一〇に細々と記されている。例えば、妻が「食べ物を焦《こ》げつかせるなどして料理を台無しにした時」、「頭を覆《おお》わないで公的な場所に出かけた時」、「街をぶらぶらして男とおしゃべりをした時」など、離縁してよいとか、その他「ほかにもっと美しい女を見つけたら、離縁してよい」とか、呆《あき》れるばかりの解釈も見られる。

姦淫という言葉を聞くと、どうしても男女間の道徳上の問題のように我々は考えてしまう。しかし、姦淫に関して押さえておかねばならないことは、イエスが生きた社会において、それはむしろ「盗み」に関わること、すなわち所有物、私有財産の侵害の問題であった。しかも女性にとって遣り切れない事実は、「物」を盗めば盗んだ者が罰せられるが、「女」が盗まれた場合は盗まれた女も罰せられた。

女性が結婚すると結婚した男性の所有物になったが故、ある男が他人の妻を犯した場合、その男は、寝取った他人の妻の夫に対して、その夫の私有物に手をつけたことになる。従って、姦淫の罪が問われるのは、一義的にはその女が人妻である限りであって、男の所有物になっていない未婚の女に手を出しても、人妻に手を出した時ほどの厳罰は与えられなかった。

しかも、深刻な問題は、もし姦淫現場を見つけられるや、当時の規定により石で打ち殺されたという事実である。男の方はたとえ見つけられても、何とか必死でその場を逃げ出すこともできたであろうが、女の方は往々にして逃げ遅れ、そのまま取り押さえられ、引っ張り出されて石打ちにされた。自分の意志に反し、夫でない男にからだを奪われている現場を見つけられたという、ただそれだけで、その女のそれまでの人生のすべてが、当時の旧約律法の石殺しという掟によって抹殺される。生活の細部に亘り、六一三（ムイミと記憶しているのだが）にも及ぶ規定によって庶民の生活は縛り上げられていた。

『タルムード』には死刑手段が四つ、厳しい方から順に、石打ち刑、火刑、斬首刑、絞殺刑が記され、それぞれについて、具体的な罪と罰が事細かに書かれている。旧約聖書の申命記の中には姦淫について、以下の如き規定が見られる。


男が人妻と寝ているところを見つけたならば、女と寝た男もその女も共に殺して、イスラエルの中から悪を取り除かねばならない。ある男と婚約している処女の娘がいて、別の男が町で彼女と出会い、床を共にしたならば、その二人を町の門に引き出し、石で打ち殺さねばならない。その娘は町の中で助けを求めず、男は隣人の妻を辱《はずかし》めたからである。……ある男がまだ婚約していない処女の娘と出会い、これを捕らえ、共に寝たところを見つけられたならば、共に寝た男はその娘の父親に銀五十シェケルを支払って、彼女を妻としなければならない。彼女を辱めたのであるから、生涯彼女を離縁することはできない。

（申命記二二の二二〜二九）

旧約聖書の中の「箴言《しんげん》」や「シラ書」には確かに女性の美徳をたたえる言葉も見出し得るが、ユダヤ教の社会では一般に女性は否定的にとらえられている。イエスが生きた時代も女性蔑視ははなはだしく、例えば新約聖書の中の「女、子供を除いて四千人であった」等の表現にみられるように、子供と同様、女性も人の数に入ってなかった。すでに述べたように、当時女性は男性の所有物であり、この「所有の関係」を、マルコ一〇章の離縁の話に示されるように、イエスは「男と女が対等に向かい合う関係」に置き直した。よくキリスト教の結婚式で朗読される「神は人を男と女に創った。それ故、人はその父母を離れ二人は一体となる」という創世記一の二七を含む言葉も、マルコ福音書の離縁の話の中に出てくる。

男性社会の一つの表れとして、いわゆる「十二使徒」と呼ばれるイエスを取り巻く集団が新約聖書に現れるが、メンバーは皆男性である。皮肉なことに、イエスの十字架刑の、死の傍《かたわ》らまで付き従って行ったのは、イエスを慕う何人かの婦人たちであり、十二使徒のほとんどは恐くてその場から逃げ去ってしまった。

「『姦淫するなかれ』ということを聞いているはずだ。しかし私は言う、情欲を抱いて女を見る者は誰でも、すでにその女に対して心の中で姦淫したことになるのだ」。この言葉を語るイエスの真意を探るべく、当時のユダヤの女性観について一瞥《いちべつ》した。

すでに語ったように、イエスの多くの言葉は、特にマタイとルカだけが使用したQ資料においては、イエスが生活したどのような現場で語られたのか、どのような感情を込めて語ったのか、我々はもはや正確には把握することはできない。それは伝承された資料をもとに、福音書を書いた人、あるいは編集した人たちが、それぞれの語りかけている集会（一般に「教会」と訳されているエクレーシアというギリシャ語はἐκκλησία＝ἐκ＋καλέωであって、キリスト教において使われ出してからは「神から呼び〈カレオー〉出された人々の集会」という意味であり、「教会」という訳は今一つしっくりこない）、その集会の場の必要に応じて、イエスの言葉の状況設定を行っているからだ。しかし一方で、聖書学の成果に照らし、かつまた福音書から浮かび上がるイエスの風貌に照らし、「情欲を抱いて女を見る者は……」なる言葉が、イエスの生きた歴史の現場でイエス自らの口から発せられた生《なま》の言葉であることは、ほぼ確実である。

さて旧約聖書の「出エジプト記」を開くと、有名なモーセの十戒が出てくる。その中の一つに「隣人の家を欲してはならない。隣人の妻、男女の奴隷、牛、ろばなど隣人のものを一切欲してはならない」（二〇の一七）があり、欲してはならない対象として、他人の「家、妻、奴隷、牛、ろば」が並列に挙げられている。

「情欲を抱いて女を見る」は、ギリシャ語を端的に訳すと「女を、その女を欲するために、見る」である。このギリシャ語γυνή（ギュネー）は女とも妻とも訳し得る。それ故、『新共同訳』聖書は、「みだらな思いで他人の妻を見る者」と訳している。「他人の」はギリシャ語にないものを新共同訳が付加した余計な部分であるが、この付加は旧約の十戒をそのまま踏襲したための付加である。

ギリシャ語を字義通りに訳した「欲するために女を見る」の欲するとは具体的にどういうことか。すでに述べたように、イエスの時代の「姦淫」が他人の妻を盗むことであり、私有財産の侵害であることに注目して、ここは情欲の問題ではなく「あらゆる策略をもって女をわが物にしたいと望むこと」と解釈した人物がいる。この人は、岩手県気仙地方のふるさとの仲間に、ふるさとの言葉でイエスのよき知らせ（福音）を伝えたいと望み、二五年の歳月をかけて『ケセン語大辞典』を作り上げ、その後医者として働きながら、また奥さんと共に八人の子供を育てながら、ギリシャ語を一から勉強し、みごと『ケセン語訳新約聖書』の福音書の部分を完成させた。

その名を山浦玄嗣と言い、問題の箇所を以下のように大胆に訳している。


お前さんたちも聞いているとおり、『他人の女房に手を出すな』と言われている。加えて俺は言っておく。他人の女房に目をつけて、何とかしてその女をわが物にしたいものだと渇望している輩《やから》は誰でも、心の中ではすでに他人の女房を盗んでいるのだ。


この解釈は旧約の戒律を踏まえ、その姦淫の内容を他人の妻を盗みわが物とすることと解釈し、実際に女を寝取る行為のみでなく、「心の中で他人の女房を何とかして自分の物にしようとつけ狙っている」未遂の状態もまた姦淫であるとしている。

かつまたこの言葉は、以下のような自《おの》ずから込み上げてくる健全な色情について、イエスは語っているのではないことを力強く言い切っている。

夕闇の迫る路地裏をカラコロと素足に下駄の音を響かせながら、浴衣姿の若いきれいな女が、銭湯帰りと見えて手に石鹸箱とまだ濡れている手拭いを持って、小急ぎに歩いてくるのとすれ違うとき、ちらとこちらを見て、目元にかすかな笑みを見せて伏し目がちに道を譲る。洗い髪と香水と女の肌の匂いがふわりと漂うときに、思わず胸がときめかない青年などあるものだろうか。(32)


しかし、イエスの新しさは何処にあるのだろう。旧約の十戒を踏襲して、他人の妻の略奪について語ったのであろうか。恐らくそうではなく、何百という戒律によって苦しんでいる弱者に対する、法の縛りからの解き放ちではなかろうか。虐《しいた》げられていた当時の女性の立場に風穴を開け、生きる希望を投じたのではなかろうか。

多くの場合は自分の意志に反し、男にからだを弄《もてあそ》ばれ、たまたま姦淫現場を捕らえられた女性、それでもう一巻の終わり。余りに悲しいではないか。戒律に違反している男女を見つけて石殺しにしようと嗅ぎ回っている宗教的掟に敬虔な輩《やから》こそ問題であり、そんな輩にイエスは叩きつけて言う、「姦淫、姦淫と言うならば、実際に女を犯さなくとも情欲をもって女を見る者は、すでに心の中でその女を犯していることになるぞ。お前さんら今まで情欲を抱いて女を見たことは一度もないのか」。

すでに取り上げた吉本隆明の『マチウ書試論』では、このイエスの言葉を、原始キリスト教が、ユダヤ教に対する激しい近親憎悪のもとに創り上げた、教義的なロギア（イエスの言葉）を原型として、マタイの作者がイエスの口に乗せたものと理解しており、以下のように解釈している。

この性にたいする心理的な箴言《しんげん》は異常なものである。渇望をもって女をみるものはすでに心の中で姦通《かんつう》を行ったのだという性にたいする鋭敏さは、けっして論理的な鋭敏さではなく、病的な鋭敏さである。姦通してはならないという掟《おきて》は、ユダヤ教の概念では、社会倫理的な禁制としてあるわけだが、原始キリスト教がここで問題にしているのは、姦通にたいする心理的な障害感覚であることは明らかだ。……ぼくたちが、このロギアに反抗し、嘲笑するのは、原始キリスト教が架空の観念から倫理と、くびきとを導入しているからである。前提としてある観念が、障害感覚と微妙にたすけあい、病的にひねられ、倒錯していて、人間性の脆弱点《ぜいじゃくてん》を嗅《か》ぎ出して得意気にあばき立てる病的な鋭敏さと、底意地の悪さをいたるところで発揮している。

（一一三〜一一五頁。省略は筆者）

吉本隆明が、マタイの「精神主義」を観念領域の無制約な拡大として捉えていることは鋭い視点である。彼はフランス語のルイ・スゴン訳聖書を用いており、それ故マタイをマチウ、イエスをジェジュと、人名はすべてフランス語の発音の日本語表記である。

残念なことに、吉本隆明はアルトゥール・ドレウスの著作『キリストの神話』（原田瓊生訳[33]）に引っぱられ、一応マタイ福音書が「マルク書とこれらの教義的ロギアとを原型としてつくられている」（一〇八頁）ことは知っているが、ここで言う「教義的ロギア」を、今日の聖書学者の呼ぶQ資料として的確に理解していたかどうかは、Q資料を語る場合不可避の「ルカ福音書」への言及が一切ない点から、極めて疑わしい。かつ最も早く書かれた「マルコ福音書」（彼の表記でマルク書）の重要性を十分認識していない。また、二十世紀多くの学者が地道な研究を通して挑戦した「史的イエス」の問題や「イエスの生《なま》の言葉」（ipsissima verba Jesu）に対する考察が抜け落ちている。それがため、例えばQ資料を「ひとりの架空の教祖のロギア」（一一二頁）と理解している。致命的なのはドレウスの一冊の本、しかもその日本語訳『キリストの神話』を深く信じ込み、「原始キリスト教の象徴であるジェジュは、どのようにしてつくられたか、ドレウスはあきらかにしようとしている」（六〇頁）と述べつつ、『マチウ書試論』を『キリストの神話』を土台に展開し、「ジェジュはひとりの無名の思想家だったのではなく、無名の思想家の記録から、ジェジュはつくりあげられたのである」（八八頁）と、歴史の中に生きたイエスの実在を頭ごなしに否定している。

『マチウ書試論』で評価できる点は、先に述べた、マタイによる精神領域への果てしない拡大を指摘していることである。例えば「貧しい者は幸い」（ルカ六の二〇）のイエスの言葉を、「心の（霊において）貧しい者は幸い」（マタイ五の三）とマタイが観念領域に拡大したように。

吉本隆明の「観念領域への無制約の拡大」に関する指摘は妥当であるが、マタイのこうした傾向は論理的鋭敏さから来るのではなく、マタイの病的鋭敏さに因《よ》るものであるとし、その土台に原始キリスト教が架空の観念から創り上げたイエスのロギア（言葉）の導入があると理解した点は、先ほど指摘したQ資料なるものに対する浅薄な知識と、ドレウスの『キリストの神話』を鵜《う》呑《の》みにすることに因《よ》る、イエスの神話化への信仰とイエスの実在の否定、その帰結として歴史の真っただ中に生きたイエスの **ipsissima verba**（生の言葉）の考察の欠如が背後にあると考えられる。

「情欲をもって女を見る者は……」は確かに精神領域への無限の拡大であるが、この言葉は決してマタイや原始キリスト教団が、イエスの口に乗せた架空の言葉ではなく、イエスが歴史の現場で吐いた生命の言葉である。そしてそれは、精神領域への無限の拡大においてこそ、この言葉は迫力を発揮する。と言うことは、ここでのギリシャ語 γυνή（ギュネー）は、『新共同訳』の如く「他人の妻」に限定するのではなく、単に「女」と訳すべきである。何の限界も加えず、女と訳すことによって、法を無制約に拡張し、「法秩序の粉砕」[34]を図る。すなわち、法自体を人間にとって実行不可能なものとすることにより、法を無力化し、それにより、法で泣いている弱い立場の人々を守る。

イエスの意図がここにあったことは、ヨハネ福音書八章冒頭の、有名な「姦淫の女」の話がずばり証明している。この箇所は古い重要な写本にはないが、イエスの風貌が躍如として伝わってくる出来事である。

長い長い伏線を張ったが、どこまでも弱者に寄り添い、弱者を思い遣《や》るイエスの笑いが今まさにここで聞こえてくるのだ。

朝早く神殿の境内でイエスが座って民衆に何かを語っている。その時、敬虔な律法学者やファリサイ派の人々が、姦淫の現場で捕まえた一人の女を引きずってくる。当時の掟に従えば、この女は石殺しの刑である。この女を真ん中に立たせ、イエスに質問する。当時の常識となっている掟に従うのか、それとも掟を無視するのか、イエスを試そうとして、「この女を姦淫の現場で捕まえたが、あんたはどう考えるか」と興味本位で問いかける。

イエスは屈《かが》み込み、地面に何かを書き始める。律法学者はしつこく問い続ける。イエスの笑いが微《かす》かに聞こえてくるのはこの時である。法によって弱者をいじめる、しかもその女の生命を今まさに奪おうとする輩《やから》に対して、この女に対する共感と、宗教的に敬虔な輩に対する怒りからくる笑いである。

イエスは身を起こし、ひと言「お前さんたちの中で罪を犯したことの無い者が、まずこの女に石を投げるがいい」。そう言って、また屈み込み何かを書き続ける。その時年老いた者から始まり、一人また一人とその場を立ち去って行く。イエスと女、残された二人だけの沈黙が流れる。「あの人たちは何処にいるのか。誰も罪に定めなかったのか?」女は「誰も」と答える。

右のイエスの言葉「罪を犯したことの無い者」の箇所は、「情欲をもって女を見たことのない者」がまさに符号する。生死のかかった具体的なこの現場において、この女の生命を救うためには、法を無限に拡大すること以外にはなかった。男なら誰も、心の中で一度は欲情を抱いて女を見た経験に思い当たるからだ。万が一「他人の妻」に対しては、実行すれば死罪に当たるため、何とかぎりぎり、心の中で欲情を抱くことを抑制したとしても、更に無制約に拡張して「女」に対してということになれば、年老いた者から一人また一人と去って行ったという、ユーモラスな情景が瞼《まぶた》に浮かぶ。

ヨハネ八章冒頭のこの出来事におけるイエスの言動は、「情欲をもって女を見る者は……」という言葉のイエスの真意をみごとに説明しており、「してやったり」イエスの爽《さわ》やかな笑いが聞こえてくる。

5 快活で晴朗な笑い――イエスの食卓

イエスが生きた社会の構造悪に対し、逆説的皮肉を込めた笑いとして、民族的差別に関わる「よきサマリア人」の譬え話と共に、マタイが付加した言葉によって、あたかもイエスが民族的差別をしているかのように今日まで解釈されてきた「フェニキアの女の機知」の話を取り上げた。さらに、「カエサルのものはカエサルに、神のものは神に」という言葉や「腹の中に入り、廁に出る」という言葉を考察した。

また、社会的弱者への共感を込めた反抗的笑いとして、「右の頬を打つ者に対しては、もう一つの頬を向けてやれ」という言葉、「不正な管理人」の譬え話、そして「情欲をもって女を見る者は誰でも、……」という言葉に含まれる真意を吟味してきた。

確かに、新約聖書の福音書の中に、「イエスが笑った」という表現は皆無であるが、第四章と

第五章で吟味した如く、イエスの「譬え話」やイエスが用いた「比喩」あるいはイエスの「逆説的な言葉」の中に、隠されたイエスのユーモアや笑いを感じ取ることができた。それはイエスの生きざまから仄《ほの》かに漏れてくる笑いであり、耳を澄まして微《かす》かに聞こえて来る笑いであった。

イエスの生の目的は、人間が人間として当然正しいことを正しいこととする「人間性の回復」にあったと言っても過言ではない。貧しい人、病んでいる人、社会から排除された人たちが普通の生活ができるよう、イエス自身の現実は掟破りの人生であり、当時の常識から悉く逸脱することを余儀なくされた。しかしその逸脱は、他者を生かすための他者への思いやりであり、表層の嘘を暴《あば》き真相を露《あらわ》にする、いわば道化の姿であった。

弱い者いじめをするローマ帝国やユダヤ教の権力者たち、汗水垂らして働く人々から経済的に搾取する神殿貴族たち、素朴に生活している庶民を法律で縛って追い詰める、敬虔な宗教的完全主義者のファリサイ派律法学者たち、そうした者との論争において、イエスの笑いには自《おの》ずから怒りや皮肉や辛辣さを伴わざるを得なかった。

しかし、その背後に、イエスの快活で晴朗な笑いが聞こえて来る。それはイエスの食卓から聞こえて来る陽気な笑いである。

㋑最後の晩餐

新約聖書において、イエスに関わり、三つの印象的な食事が描かれている。

一つは第二章で触れたエウカリスチア（ミサ）の土台となる「最後の晩餐」である。これについては拙著『神と人との記憶――ミサの根源』（知泉書館、二〇〇三年）で詳細に言及している。この著はフランス語で書いた博士論文の後半部を日本語に訳したもので、特に最後の晩餐におけるイエスの言葉の一つ、通常「わが記念としてこれを行え[35]」と訳されている、いわばミサの制定の一文を巡っての論文である。その中でも「記念」と訳されている、ギリシャ語の ἀνάμνησις（アナムメーシス）とヘブライ語の זִכָּרוֹן（ズィカローン）に、前置詞が加わった εἰς ἀνάμνησιν（エイス アナムネーシン）と לְזִכָּרוֹן（レズィカーローン）の問題を扱っている。ちなみにギリシャ語は文も語も左から右であるが、ヘブライ語は文も語も右から左である。前置詞が加わると通常「記念として」と訳されるが、「思い出のために」とか「覚えとして」とか「記憶に向かって」とか「想起において」とか、いろいろな訳が可能である。この言葉はルカ二二章一九節及びコリント一一章二四、二五節に出てくるが、毎回のミサの中で必ず司祭によって言及される重要な言葉である。しかしいったい「わが記念（記憶・想起）としてこれを行え」は、誰が誰を想い起こすのか？　習慣的に解釈されているように人間がイエスを想い起こすのか、はたまた父なる神がイエスを想い起こすのか？　ギリシャ語の世界には見出し難く、イエスが使用したセム語（ヘブライ語やアラム語）の世界には頻繁に現れる「記念（記憶・想起）の定型」は、神を主語としているのか、人間を主語としているのか？　この言葉に込めるイエスの真意は何か？　こうした問題を論究した、やや難解な論文である。しかし、ミサに関わって極めて重要な意味をもつ「聖体の制定」（ルカ二二の一九～二〇）の箇所には、当面の問題であるイエスの笑いは登場しない。

ちなみに、イエスの時代、最後の晩餐のような食事は、レオナルド・ダ・ヴィンチの有名な絵

〔図Ⅵ〕『ロッサーノ福音書』最後の晩餐
6世紀に制作された挿絵入り福音書写本。南イタリアのロッサーノ大聖堂所蔵。

画に表現される如き構図の食べ方ではない。そうではなく、現存する挿絵入り福音書写本としては『シノペ福音書』（パリ、ビブリオテーク・ナショナル）と並ぶ最古の作品である、六世紀に制作された南イタリアの「ロッサーノ大聖堂」所蔵の挿絵入り福音書写本（図Ⅵ参照）に描かれているように、「横たわって」食事をしていた。尚、福音書に使用されているギリシャ語、**ἀνά**（上に）＋**κειμαι**（横たわる）や**ἀνά**＋**κλίνω**（もたれる）や**κατά**（下に）＋**κειμαι**は、「食事の席に着く」とか「食卓に着く」と翻訳されているが、元来「横たわる、横たえる、寝そべる」の意味である。

さて、最後の晩餐においても聞こえて来るイエスの笑いがある。それは「洗足」の場面（ヨハネ一三の四〜一二）であるが、この箇所を先に挙げた山浦玄嗣がその著『ナツェラットの男』で物語風に以下のように描いている。

……こんなことを言いながら、楽しそうに嬉しそうに弟子たちの足を洗って、腰の前垂れで拭い、おまけに楽しくてたまらないといった様子でポンポンとその足を軽く叩いたりして、ニコニコとみんなのところをまわって行った。恐れ多くもお師匠さまにこんなことをしていただくのだから、誰もが信じられないような気分だったが、イェシュー（イエス）さまの気分がこちらにまで乗り移ったみたいで、嬉しくて、楽しくて、すっかり舞い上がっていた。楽しい笑い声が部屋を満たした。

やがてお師匠さまはケファ（ペトロのこと）のところにまわってきた。そのときのケファの恐縮ぶりは度外《どはず》れていて、その毛ずねを引っこめ、目玉をまん丸にし、両手を横に激しく振りながら、夢中になってこんなことをわめいた。

「と、とんでもねえ。このおれなどの臭《くさ》い脂足《あぶらあし》をお洗いあそばすなどと、もったいねえ、そんなことは下郎《げろう》の仕事でござります。まったくもって、とんでもねえ。そんなことは、平《ひら》に、平に御勘弁くださりませ。新しき世を取り仕切るべき『お助けさま』にそんなことをさせるなど、畏《おそ》れ多くて、この身も命も縮まりまする！」

「ほう、シモン」と、イェシューさまが空とぼけた顔でわざと冷たく本名で言い捨てた。「おれがお前の足を洗えないというのなら、やむを得ない、あ～あ、お前とはもうこれっきり縁切りということか……！」

その時のケファの慌《あわ》てぶりは見物だった。

「だ、旦那、そ、そんなこと言うんなら、足だけじゃだめだ、手も、いや、頭もお願い申してございまする！」

そう言って、もじゃもじゃの汗臭い頭を差し出したので、イェシューさまは吹き出しそうになるのを必死でこらえながら、こう言った。

「ここへくる前に、今日は大事なお膳だからというので、みんな身を浄めようということにして、沐浴《もくよく》したのではなかったかな。そうして沐浴して全身を浄めた者にとっては、浄くないのはここまで歩いてくる間にゴミの上を歩いて穢《けが》れたかもしれない足だけだ。だから、足さえ洗えばそれで十分。これで体中、頭から足の先までさっぱりと浄くなったはずなのだ。で、こうしてその残りの足を洗っているのであるからして、お前たちはさっぱりと浄らかになったはずなのだが……はて、ははあ、さてはお前、沐浴をさぼったというわけか？　なるほど、なるほど、全員が浄くなったというわけではなかったのか！」

この素《す》っ頓《とん》狂なおとぼけに一同はドッとばかりに笑い崩れた。ケファは大慌てに慌てふためいて、何やらわけのわからない弁解をわめきたてていたが、腹が痛くなるほど笑い転げている一同の中にあってはまるっきり何の効果もなく、とうとう御本人も破れかぶれ、仰《あお》向《む》けにひっくり返り、汚い足をバタバタさせて笑い崩れた。

こうして食事は楽しく賑《にぎ》やかに進んだ。(二二三〜二二五頁。傍線、点線、括弧は筆者)

物語風に翻訳された、最後の晩餐における、イエスによる弟子らの足を洗う場面は、迫りくるイエスの受難の予感からくる、「恐怖」に対するつかの間の「解放」が齎《もたら》す弟子たちの笑いがあり、そしてまた、その場はイエスのユーモアと微笑みで満ち満ちていたことだろう。

㋺ガリラヤ湖畔の食事

印象に残る二つ目の食事は、復活のイエスと弟子たちがガリラヤ湖畔でとった食事で、ヨハネ二一章の一～一四節に描かれる。二一章全体、後になって付加された部分とされているが、この箇所は少年時代瀬戸内海の海辺で育ったためか、情景が生き生きと浮かび上がる。食後のペトロとの会話を含め、拙著『寅さんとイエス』のエピローグに、東日本大震災直後、祈りを込めつつ付加した部分だが、ここには爽《さわ》やかな復活の笑いが聞こえて来るので、再び記載しておこう。

……ペトロ、トマス、ナタナエル、ヤコブ、ヨハネ、他に二人の漁師らがたむろしていた。ペトロが「俺は漁に行く」と言うと、「では一緒に行こう」と言い、舟に乗る。しかし、一晩中何も捕れない。夜明け頃、一人の男が岸辺に立っている。その男が誰なのか、誰にもわからない。「おーい、何か食べるものはあるか？　魚は？」男の声が澄んだ朝の沈黙の海に響く。「何もない！」と漁師らは応える。「舟の右側に網を投げてごらん、そうすれば捕れる！」言われるままに網を下ろす。驚くことに、網を引き揚げきれないほどたくさんの魚がかかる。

その時、イエスが生前かわいがっていた一人の弟子が、ペトロに「主《しゅ》だ！」と言う。ペトロは動転、嬉しさの余り、裸だったので上着をまとって海に飛び込む。ペトロらしいユーモアが伝わってくる。他の弟子らは陸から遠くない所にいたので、小舟で魚の網を引っ張って来る。

岸に上がってみると、炭火がおこしてあり、その上に魚があり、パンもあった。イエスが「今捕った魚を少し持って来なさい」と言う。そこでペトロは舟に上がって、大きい魚でいっぱいの網を陸に引き揚げる。何とそこには一五三匹もいるではないか！　こんなにかかっているのに網は破れていない。

「さあ、皆おいで。朝の食事をしよう！」

イエスを囲んで、復活の朝餉《あさげ》が始まる。失ったはずの主《あるじ》、恐くて、逃げて、置き去りにしてしまった主、その主《しゅ》との思いがけない食事、弟子たちの心に言い知れぬ静かな喜びが満ちる。おいしい魚とパンを食べながら、浜辺は絶望の挫折を経験した後の、復活の静かな笑いに包まれる。

食事が終わり、イエスは傍らのペトロに尋ねる。三度同じ質問をし、三度ペトロが応える。その時使う動詞の変化に、イエスの優しさとユーモアが溢れ出る。残念なことに、日本語のみならずほとんどの現代語はその味を出し切れてないが、原語のギリシャ語やヒエロニムスのラテン語ウルガータ訳は、そのニュアンスを伝えている。

例えば日本語では、イエスが三回とも「私を愛するか？」と尋ね、ペトロが「あなたを愛します」と応えているが、イエスが用いる ἀγαπάω（アガパオー）とペトロが用いる φιλέω（フィレオー）は同じではない。アガパオーは称賛、尊敬をもって尊ぶことと重んじることであり、反逆する者をも包み込む神の思いに通じる、いわば高貴な響きをもつ動詞である。一方漁師であるペトロが用いたフィレオーは、本能から迸《ほとばし》り出る温かい感情であり、好《す》くとか好むという素朴な響きをもつ動詞である。

以上を考慮すると、二人の対話は次のようになる。

ガリラヤ湖畔の食事が終わり、イエスはペトロに尋ねる、「ここにいる誰よりもお前は私を大切に思っているか?」ペトロは応える、「ご存じのように、俺ぁ、あんたが好きですぜ」。もう一度イエスは問う、「私を大切に思っているか?」「はい、ご存じのように、俺ぁあんたが好きですぜ」。

三度目のイエスの問いかけ、ここでイエスは今まで用いてきたアガパオーを退け、ペトロが用いるフィレオーに切り替える。イエスは尋ねる、「お前は俺が好きか?」ペトロは心を痛める。三度も、なぜ三度も！　受難の前夜、鶏《にわとり》が鳴く前に「こんな人のことなど、知らない」と三度イエスを拒絶した記憶が甦《よみがえ》る。「主《しゅ》よ、あんたはすべてをご存じです。俺ぁ、あんたが大好きですぜ！」

ガリラヤ湖畔のイエスと弟子たちの食事の風景の中を、弟子たちの涙とイエスの微笑みが駆け巡る。

（八）大食漢の大酒飲み

最後に、印象に残るイエスの三つ目の食事を取り上げよう。これこそ歴史の中に生きたイエスの最も確実な、快活にして晴朗な笑いであり、イエスの日常の食卓からはっきりと聞こえてくる笑いである。

その食事は、ルカ七章三三〜三四節及びマタイ一一章一八〜一九節が語る、洗礼者ヨハネとイエスについての当時の風評である。

洗礼者ヨハネが来て、パンも食べず、ぶどう酒も飲まなかった。すると人々は悪霊につかれている、などと言う。一方、人の子が来て、食ったり飲んだりした。すると大食漢の大酒飲み、取税人や罪人《つみびと》の仲間だと言う。

ここで「人の子」とはイエスのことで、イエスは自分のことを婉曲的に「人間である私」というほどの謙遜を込めた意味合いで、「人の子」を好んで使った。「神の子」や「キリスト（油を注がれた者。ギリシャ語でχριστόςクリストス）」や「メシア」（ギリシャ語のχριστόςのヘブライ語משיחマシアハのギリシャ語表記μεσσίαςメシアスに由来）や「主《しゅ》」などの、いわゆる「キリスト論的称号」とは異なる。

この風評は極めて重要で、かつ信憑性《しんぴょう》が高い。なぜなら、すでに言及したように、一番最初に書かれる福音書であるマルコは、「怒るイエス」を堂々と描くが、マルコを手元において書いているルカやマタイは、みごとに「怒るイエス」を削除し、マルコよりは幾分上品で落ち着いたイエスを描く傾向にある。そのルカやマタイが、両者のみが使用したQ資料に基づいて、何とイエスにとって名誉にもならない、スキャンダラスな「大食漢で大酒飲み、取税人や罪人の仲間」という、イエスを揶揄《やゆ》する風評を記録に残したのだ。そのこと自体、歴史上のイエスはさらに破天荒であった可能性を残す。

洗礼者ヨハネは、いなごや野蜜を食べながら、荒れ野で難行苦行の道を歩み、逆にイエスは、誰とでも食べたり飲んだりしながら、差別された人々、重く暗い生活を余儀なくされた人々の心を解放し、生きる希望と喜びをもたらし、当時の謹厳なユダヤ社会の常識に風穴を開《あ》けた。

金銭以上に「威信」を第一の価値観に置いていた当時の敬虔なユダヤ人は、身分の低い人や社会から排除された人々と、決して食卓を共にしなかった。罪人や取税人といっしょに食事をすることは「汚《けが》れる」行為とみなした。しかも、その汚れはウィルスのように感染すると固く信じていた。それに対しイエスの食卓は、共に食事をして汚れるような人間は一人もいないことを、言葉ではなく、身をもって示した、イエス渾《こん》身のメッセージであった。

この書が悪戦苦闘しながら示してきたように、歴史の中に生きた素顔のイエスを浮き彫りにすることは容易な技《わざ》ではない。残念ながら、多くの聖書学者や神学者は必ずしも成功したとは言えない。分析すれば分析するほど、薄っぺらなイエス像を描いてしまった学者も少なくない。しかし、福音書をしっかり分析し、各福音書の全体の眺めを把握し、生きたイエスが語った具体的な状況や生《なま》の言葉をより正確に押さえれば押さえるほど、イエスの風貌もより生き生きと捉えることができる。

田川建三は『イエスという男』第二版（増補改訂版）の中で、

どうもこの男、人の家に招かれて飲んだり食ったりわいわい楽しくやるのがひどく好きだったらしい。それらしき場面は福音書でも時々言及されている。イエスにはどうしても、苦虫をかみつぶして、何曜日と何曜日には断食し、などとやることはできなかったのだろうし、まして、荒野に出て行って蝗や野蜜で禁欲的に生きぬくヨハネなど、尊敬はしても、自分の生き方としてはとらなかっただろう。……町や村の敬虔ぶった顔役衆は、イエスのように、働く時にはやたらとよく働くかもしれないが、人が敬虔な顔をして祈ったりする時刻に、楽しげにそぞろ酔いの陽気な声をはずませたりされたのでは、文句の一つや二つも言いたくもなっただろう。

……（三一二～三一三頁参照）

と述べているが、ほろ酔い気分で誰とでも陽気に談笑しているイエスの姿が、その周辺の光景と共に、ありありと目に浮かんでくる。

A・ノーランもまた『キリスト教以前のイエス[36]』の中で次のように指摘している。

イエスはすこぶる愉快な人物であり、彼の喜びが、その信仰と希望と同じく、伝染性のものであったことは、疑問の余地がない。この点が、イエスと洗礼者ヨハネの間の最も顕著な違いであった。……スヒレベークが適切にも述べたように、イエスの弟子達が断食しなかったという事実は、《イエスと同席しながら悲しむのは実存的に不可能である》ことのあかしになっている。

二十世紀の著名な神学者E・スヒレベークもA・ノーランもトマス・アクィナスと同じドミニコ会の我が先輩であるが、イエスに関する右の言及は的を射ている。あたかも、『男はつらいよ』のラストシーンが常に日本晴れで終わるように、また大貫隆が、ある時期からのイエスの心境を、ビッグバンの文脈で使う表現「宇宙の晴れ上がり」と呼ぶように、イエスの平常心は常に「日本晴れ」であり「宇宙の晴れ上がり」の状態であり、澄み渡る心の清さは快活な笑いとなって、まわりを照らし明るくしたに違いない。

確かに、イエスと一緒に食事をした者は誰であれ、日常の心配も吹っ飛び、時を忘れ明るく楽しい気分になり、特に毎日重苦しい気持ちで暮らしていた、社会から差別され排除された人々の心には、再び生きる希望が蘇り、漲《みなぎ》る力と喜びが溢《あふ》れたことだろう。それは聖書に表現されているように、例えばマルコ一〇章の盲人バルテマイが、イエスが呼んでおられるのを知った時、イエスに会える嬉しさの余り、衣を投げ捨て踊り上がってイエスのもとに駆けつけたように、イエスと共に食事をした人々は、街道に出て喜び踊るほどの解放感に満たされたに違いない。イエスと一緒にいること、ただそれだけで十分であった。

当時弱者であった女性や子供たち、社会から除け者にされていた取税人や売春婦や罪人らが、イエスに近づき、言葉を交わし、食事を共にしたこと、その事自体が、何よりも鮮明に、そこにはイエスの快活で晴朗な笑いがあったことを力強く証明している。

追記1　聖夜を前に聖書ひもといて

「救い」という言葉を、わが人生では、なぜかほとんど使った覚えがない。

確かに「救い」は宗教用語でもあろうが、聖書によると、われわれが救いを意識しようとしまいと、もうすでに救われているのである。

新約聖書「マタイ五章」の悪《あ》しき者にも良き者にも太陽を昇らせ、義人にも不義なる者にも雨を降らせる神は、人が忌み嫌うカラスや明日は捨てられる野の草をも、大切に大切に養い育ててくださる。（ルカ一二章）

細川宏（一九二二〜六七年）は、東京大学医学部教授で解剖学者。将来を嘱望されていたが、若くしてがんで亡くなった。遺稿詩集『病者・花』（現代社）に、人生における三つの大切な事柄をメモにして残している。

1　一日一日をていねいに、心をこめて生きること
2　お互いの人間存在の尊厳をみとめ合って（できればいたわりと愛情をもって）生きること
3　自然との接触を怠らぬこと

このメモの言葉で十分だ。余計なことをせず、喜びをもって生き生きと生きればそれでいいのだ。

救いが、天国に入ること、永遠の命を得ることだとすれば「お百姓さんが種を蒔《ま》いてしまえば、あとは夜昼寝たり起きたりしているうちに、種は芽を出し、青草になりおのずと実を結ぶ」（マルコ四章）ように、神の国に入ることは決して難しいことではなく、毎日の当たり前の生活の中にある。

人間は、じたばたすればするほど、救いから遠のいてゆく。宗教という名のもとに、聖書という名のもとに、いくらでも悪行三昧《ざんまい》できる。人間として当然正しいことは何か、常にそれを自らに問わねばならない。

神は戦争を必要としない。一九八一年二月二十五日、教皇ヨハネ・パウロⅡ世の広島での日本語による第一声が思い出される、「戦争は人間のしわざです」。

ウクライナ侵攻を決断し、弱者を苦しめ続けるロシアのプーチン大統領やロシア正教会のキリル総主教は、一方でイエス・キリストをあがめながら、他方でイエスの言葉を侮ってはならない。イエスはこう言われる、「最も小さい者らの一人にしてくれたことは、私にしてくれたことと同じである」（マタイ二五章）と。

また神は、金銭を必要としない。宗教の名のもとに金銭をむさぼり取るなどもってのほかだ。イエスはこうも言われる、「余剰のものを売り払い、貧しい人々に分け与えなさい」（マルコ一〇章）と。

聖夜の前日、混沌を極めるこの地上に平和が訪れんことを神に祈りつつ、私は静かに聖書を閉じた。（二〇二一年十二月二十三日　京都新聞　朝刊）

追記2　ガザの「壁」

私たちの心の中は爆発寸前です。私たちの笑顔は、今の状況に無関心だからではないのです。「見せかけの笑み」なのです。住民すべての心の中は怒りで煮えたぎっています。（傍線は筆者）[37]

この言葉は二〇〇九年以前のガザにおける記録である。二〇二三年十月七日以後の記録ではない。イエスの笑いについてのこの書物を書き終わって間もなく、新たな戦争が始まった。傍線の笑いは、歴史の現場において迸《ほとばし》り出る、イエスの逆説的反抗の姿勢から生じる弱者への共感から来る、激しい怒りを込めた笑いに共通する。

私がイスラエルを訪れたのは一九八五年、比較的平穏な時期で一カ月滞在したが、各地を巡りながら、イエスの古里「ガリラヤ湖」でも、塩湖の畔《ほとり》のクムランで貴重な写本が見つかったその「死海」でも、ヘブライ語で「春の丘」を意味するテルアビブ近郊荒波の「地中海」でも、北部にシナイ山を臨む「紅海」でも泳いだ。その五年後、アウシュヴィッツを訪れる。ポーランドのクラクフ近郊のアウシュヴィッツ＝ビルケナウ強制収容所の記憶については、拙著『寅さんとイツゼッカーは、世界を唸《うな》らせる名演説を放った。

ベルリンの「壁」崩壊が始まる約五年前の一九八五年、当時西ドイツの大統領であったヴァイ

エス［改訂新版］』（二二三四頁）で触れた。

……五月八日は心に刻むための日であります。心に刻むというのは、ある出来事が自らの内面の一部となるよう、これを誠実かつ純粋に思い浮かべる《ゲデンケン》ことであります。そのためには真実を求めることが大いに必要とされます。われわれは今日、あの戦いと暴力支配とのなかで斃《たお》れたすべての人びとを哀しみのうちに思い浮かべております。ことにドイツの強制収容所で命を奪われた六百万のユダヤ人を思い浮かべます。……暴力支配が始まるにあたって、ユダヤ人同胞に対するヒトラーの底知れぬ憎悪がありました。ヒトラーは公の場でもこれを隠しだてしたことはなく、全ドイツ民族をその憎悪の道具としたのです。ヒトラーは一九四五年四月三十日に自殺する前日、いわゆる遺書の結びに「指導者と国民に対し、ことに人種法を厳密に遵守し、かつまた世界のあらゆる民族を毒する国際ユダヤ主義に対し仮借のない抵抗をするよう義務づける」と書いております。歴史の中で戦いと暴力とにまき込まれるという罪――これと無縁だった国が、ほとんどないことは事実であります。しかしながら、ユダヤ人という人種をことごとく抹殺する、というのは歴史に前例を見ません。……問題は過去を克服することではありません。さようなことができるわけはありません。後になって過去を変えたり、起こらなかったことにするわけにはまいりません。しかし過去に目を閉ざす者は結局のところ現在にも盲目と

なります。非人間的な行為を心に刻もうとしない者は、またそうした危険に陥りやすいのです。ユダヤ民族は今も心に刻み、これからも常に心に刻みつづけるでしょう。われわれは人間として心からの和解《フェアゼーヌング》を求めております。……[38]

留学中『ZIKKARON』（ヘブライ語で記憶・想起・記念を意味する）と題する博士論文を書くための契機となったこの演説の中に、次のような意味深長な言葉が含まれている。

……中東情勢についての判断を下すさいには、ドイツ人がユダヤ人同胞にもたらした運命がイスラエルの建国のひき金となったこと、そのさいの諸条件が今日なおこの地域の人びとの重荷となり、人びとを危険にさらしているのだ、ということを考えていただきたい。（傍線は筆者[39]）

まさにヴァイツゼッカーの指摘通り、アウシュヴィッツに行き着くホロコースト（燔《はん》祭・犠牲）＝ショア（災厄・破壊）が、欧米人の同情の後押しを得て、「イスラエル建国」やユダヤ人の「パレスチナ入植[40]」を促進し、「今日なおこの地域の人々」即ちパレスチナ・アラブ人の「重荷となり、人々を危険にさらしている」。

実存哲学者サルトルは、一九四七年『ユダヤ人問題についての考察』の中で、以下のように論じている。

……ひとくちに言えば、ユダヤ人とは、近代国家のうちに、完全に同化され得るにもかかわらず、各国家の方が同化することを望まない人間として定義されるのである。それは、彼が、キリストの殺害者だからである。（原註――ここですぐにでも言っておかなくてはならないのは、それが、ユダヤ人の流浪を利用して、キリスト教が宣伝のために作り上げた伝説にすぎないことである。十字架が、ローマの刑罰であることも、キリストが、政治的扇動者として、ローマ人によって、処刑されたことも明白である。）自分達の殺したものが神としてあがめられている社会の中に生きることを強いられたものの、堪えがたい立場というものを、人々は考えて見たことがあったろうか。……事実、われわれは、一般に拡がっている見解とは逆に、ユダヤ人の性格が反ユダヤ主義を惹き起こしているのではなく、反対に、反ユダヤ主義が、ユダヤ人を作り上げたのだ。

[41]……

故郷であるパレスチナの地を追いやられたユダヤ人は、一般にいやしい職業とされていた金融業などに就き富を握ると同時に、教育に力を入れ、知識階級の世界でも影響力を持つようになる。それに対する妬みもあり、疫病や災害が起きると、ユダヤ人のせいにしていじめ迫害する、という歴史が二千年近く繰り返されてきた。近い歴史に目を向けても、一つには、二十世紀初頭、主にソ連時代のウクライナで行われたポグロム（ロシア語で破滅・破壊）と呼ばれる集団的迫害行為がある。ポグロムは、十九世紀末「民なき土地を、土地なき民に」をスローガンに、ユダヤ人ヘルツルらによって始められたシオニズム運動を積極的に促した。また一つには、アドルフ・ヒトラーがナチ党の政権を握った一九三三年から一九四五年にかけて起こった空前絶後のホロコースト＝ショアがある。

ちなみに、こうした苦難の中、多くのユダヤ系知識人を輩出した。アインシュタイン、スピノザ、フロイト、フッサール、ベルクソン、シャガール、カフカなど枚挙にいとまがない。本書のテーマに関連しては、フロイトのユーモアやジョークに関する研究があり、ベルクソンの「笑い」（竹内信夫訳、白水社、二〇一一年参照）がある。

ここで、我々が心に刻まねばならないのは、一つの悲劇ではなく、二つの悲劇である。今まで述べてきたごとく、確かに一方には、イエスの死後しばらくして起こった紀元七〇年のローマ帝国によるユダヤ王国（旧約聖書・新約聖書の世界）の破滅、すなわちエルサレム神殿崩壊以後のディアスポラ（民族離散を意味し、ユダヤ人はそれまで住んでいたパレスチナを追われ、世界に散り散りになった）に始まり、六百万人のユダヤ人が殺害されるホロコーストに至る、ユダヤ民族の長い長い迫害の歴史がある。

しかし、他方には、以下の歴史に基づく第二の悲劇がある。第一次世界大戦中に起こった、ユダヤ人にも、アラブ人にも国を認める約束をした、イギリスの「三枚舌外交[42]」に始まり、第二次世界大戦後、ホロコーストによるユダヤ人への同情も働き、一九四七年国連総会が採択した「パレスチナ分割決議」（パレスチナの地を、ユダヤ人とアラブ人の二国に分け、エルサレムを国際管理下に置く）を受けて、一九四八年ユダヤ人側は、待ちに待った「イスラエル建国宣言」を行う。それに対し広大な土地を取られてしまったアラブ人側は怒り、建国の翌日アラブ諸国がイスラエルに攻め込んで勃発したのが第一次中東戦争である。この戦いに勝利したイスラエルは、国連の分割決議で認められた土地は死守しながら、七〇万人を超えるパレスチナ・アラブ人を故郷から追い出す。これがアラブ人にとっては、ユダヤ人のホロコーストに匹敵する「ナクバ」（アラビア語で「破局」を意味する）である。パレスチナ・アラブ人は一九四八年の「ナクバ」の悲劇を魂に刻んでいる。その後一九六七年に第三次中東戦争が起こるが、これが今日の紛争を決定的に運命づけた。というのは、パレスチナ・アラブ人にとって建国のための夢であった、東エルサレムを含むヨルダン川西岸とガザ地区を、イスラエルは「占領」し、国連の統治下にあったエルサレムの併合をも一方的に宣言した。国際法上合意していた一線を越え、「パレスチナ」と呼ばれていた土地の全てを「占領」して今日に至る。国際的ルールを無視して一方的にパレスチナ・アラブ人の土地を侵食し続けるユダヤ人の「入植」活動も、一九六七年の第三次中東戦争以降今日まで続き、ユダヤ人の苦難の歴史の「記憶」と共に、以上述べたような、決して忘れてはならないパレスチナ・アラブ人の苦難の歴史の「記憶」がある。

ここで、ガザの「壁」に至るアラブ人の悲劇をもう少し具体的に一瞥しておこう。

二〇〇〇年、後に首相となるイスラエルのシャロンは、千人を超える武装警官を従え、ユダヤ教の聖地「嘆きの壁」に繫がる、イスラム教の聖地「岩のドーム」に、イスラエルの政治家は決して訪れないという不文律を破り、足を踏み入れる。写真でよく見る金色に輝くドームである。あたかも平和の使者のごとく「岩のドーム」を一周し、礼拝中のイスラム教徒に対して、「エルサレムは全てイスラエルのものだ」と宣言するかのごとく挑発する。

一九九三年の「オスロ合意」によって、一つはパレスチナ・アラブ人による暫定自治が認められ、もう一つはヨルダン川西岸とガザ地区からイスラエルは段階的に軍を撤退させるという、将来パレスチナ・アラブ人の「独立」への可能性も窺える合意が、後にノーベル平和賞を受賞するイスラエル・ラビン首相と、パレスチナ・アラファト議長の間で交わされ、和平へのほのかな希望が築かれてきた七年間であったが、シャロンの無礼極まる行為により一瞬のうちに吹っ飛ぶ。

この出来事をきっかけに、二〇〇〇年から二〇〇五年にかけ、アラブ人による第二次インティファーダ（民衆蜂起）が起こり、エルサレムでバスが爆破されるなど、アラブ人によるテロ事件が続発する。ちなみに、第一次インティファーダは一九八七年の暮れから一九九三年にかけて起こり、その当時のアラブ人側の武器は素朴な投石で、「石の闘い」と言われた。

二〇〇一年九月十一日、イスラム過激派テロ組織アルカイダによる、同時多発テロ事件がニューヨークで起こるや、その年の三月首相となったシャロンも、テロとの戦いの名目で、パレスチナのテロ組織を攻撃する。問題の「壁」建設の構想は、敵からの攻撃を防衛する目的もあって、その頃から熟していったに違いない。

二〇〇二年、シャロン首相は、高い所で八メートル、全長約七〇〇キロに及ぶ「壁」をヨルダン川西岸に築き始め、ユダヤ人入植地とパレスチナ自治区の分離を企てる。

二〇〇四年、この企てに対し、国際司法裁判所は「パレスチナ人の土地に壁を建設することは違法であり、撤去されなければならない」との勧告を出し、西側諸国も「かつてのベルリンの壁を彷彿させる」として非難するが、イスラエルは無視する。その後の悲劇を考慮する時、この「勧告」の意味は深く、この「無視」の罪は重い。

二〇〇四年から二〇〇五年にかけ、シャロン首相は、ガザ地区からユダヤ人入植者を撤退させるが、結果的にはその撤退は、イスラエル側のガザへの空爆などを容易にさせた。

二〇〇四年、アラファト議長が亡くなり、二〇〇六年にパレスチナ立法選挙が行われる。その結果、穏健派「ファタハ」のアッバス議長が負け、「ハマス」（ハマースとも表記）が選ばれる。ハマスは二〇〇七年からガザ地区を独自で支配し、以来ヨルダン川西岸地区を治めるファタハとの間の統一が困難になる。ハマスとはパレスチナのスンナ派イスラム原理主義で、シオニズム抵抗組織であり、イスラエル国家を認めず、パレスチナ・アラブ人のための土地奪還と人権保護を目的とする。

二〇〇七年、テロ防止などイスラエル側の安全のため、ガザにも「壁」が建設される。ベルリンの「壁」（一九六一〜一九八九年）は解体されたが、ユダヤ教の神・キリスト教の神・イスラム教の神、唯一にして慈悲なる神が望まれる歴史に逆行するかのごとく、ガザにも分離壁がそびえ立つ。地中海東岸に約五〇キロ、幅五〜八キロの細長い地形の中に、約二〇〇万のアラブ人が「天井なき監獄」に閉じ込められる。

「よきサマリア人」の譬え話を語ったイエスは、今まさに「壁を崩せ！」と叫んでいるかのようだ。壁を作って、壁の内側にいる仲よしグループだけを「隣人」とするのではなく、むしろ壁の外にいて苦しんでいる人、悲しんでいる人に自ら近づいていって、その人の隣人となり友となりなさい、と語る。

二〇一七年、トランプ大統領はエルサレムをイスラエルの首都と認定し、世界各国の共通のルールを無視して、二〇一八年、米大使館をテルアビブからエルサレムに移す決定を下す。エルサレムには、ユダヤ教、キリスト教、イスラム教それぞれの聖地があり、国際的に、エルサレム全域がイスラエルのものだとは認められていない。トランプ大統領の意図は、アメリカに住むユダヤ系右派や、アメリカの有権者人口の約四分の一を占めるとされる「キリスト教福音派」に対する、自らの支持基盤への迎合に過ぎない。

紙数の都合上多くは語れないが、その背後に抜き差しならぬ聖書理解の問題が潜む。それはキリスト教福音派やシオニズム信奉者たちの聖書解釈の問題である。

特にパレスチナ紛争に直接関わる事柄としては、旧約聖書の例えば「創世記」一二章や「ゼカリア書」一二章の解釈、新約聖書では「ヨハネ黙示録」の解釈がある。

ユダヤ教やキリスト教福音派のシオニストたちは、聖書は一字一句神の霊感を受けて書かれたものであり、全てそのまま書かれている通りに解釈する。そこには聖書を理性的に、あるいは象徴的に解釈する余裕はなく、例えばキリストの再来や「千年王国」の到来といった預言を、文字通り書かれているまま受け入れる。

そうした原理主義的聖書解釈は、この書の本文で詳細に論述してきたごとき、四つの正典福音書を典拠として立ち現れてくる「史的イエス」の「生《なま》の言葉」や風貌から遠くかけ離れ、自らに都合のよい解釈を生み出す。

例えば、「創世記」一二章一〜三節に記される神とユダヤ人との契約は、ローマ帝国によって追放された紀元七〇年以後今日に至るまで継続されていて、いつの日かパレスチナの地にユダヤ人の国が神によって再建され、ユダヤ民族を祝福するものを神は祝福すると固く信じている。あるいはまた、旧約聖書の「ダニエル書」や新約聖書の「ヨハネの黙示録」などの黙示文学についても、キリストの再臨や、善と悪との最終戦争がハルマゲドン（ヨハネ黙示録一六章一六節）という決戦場で行われ、勝利したキリストが支配する千年王国（ヨハネ黙示録二〇章一〜七節）が、一書かれた表現の通り実現すると信じている。さらには「ディスペンセーション主義」という、一九世紀英国起源の神学などの影響で、終末の時メシアであるキリストが聖地エルサレムに降臨し、敬虔なキリスト教徒はその時天に上昇し、空中でキリストと至福の出会いを体験すると、本気で信じている。まさに本書で述べてきたグノーシス主義的発想であるが、このような共同幻想を抱いているキリスト教福音派の人々が、アメリカには驚くほど多く存在し、こうした人々にとっては、ユダヤ教シオニストと同様、イスラエルの占領下で苦しむパレスチナ・アラブ人の窮状に視線を向けることは困難である。

名状しがたい現実である「キリストの再臨」は、確かに聖書の中に種々のイメージを使って表現されているが、それは古代の世界観にのっとり、ユダヤ的黙示文学から借りたもので、筆舌に尽くしがたい終末的出来事を暗示するおぼろげな象徴に過ぎない（『寅さんとイエス［改訂新版］』一七六〜一七八頁、ジルベール・ベコーのシャンソン参照）。イエスは終末についてただ一言、「天地は過ぎ去るだろう。しかし私の言葉は過ぎ去ることはない。その日、その時については誰も知らない。御父以外は、天にいる天使も、子も知らない（マルコ一三章三二節）と述べ、終末がいつ来るか、知っているのは神だけであって、そんなことは自分も知らない、と言っているのだ。

そうした福音派の原理主義的解釈は、他方では、学問的成果を考慮することなく進化論を否定したり、具体的状況を配慮することなく妊娠中絶は断固認めないという主張を生む。新約聖書学を専門にしてきた立場から、また旧約聖書と新約聖書を共にキリスト教の正典として認めたキリスト者としての責任から、いかに多くのキリスト教徒が稚拙な聖書理解のもとに、世界を混乱させているか指摘せざるを得ない。アメリカが弱者であるウクライナに武器を供与することはいざ知らず、強者であるイスラエルに提供することで、弱者であるガザの民間人が虫けらのように抹殺されている現実、あるいは二〇二三年十月二十七日の国連総会でガザの人道的休戦決議がなされた際、一二一か国の賛成（日本やイギリスは棄権）にもかかわらず、ハマスによる十月七日の攻撃を非難する内容が欠如しているとの理由で、イスラエルと共にアメリカのみが反対した現実、こうした現実の背後に隠された原因の一つは、以上のような聖書解釈からくる。

イスラエルとパレスチナの複雑極まる問題を一瞥したが、こうした歴史的流れを経て、ハマスは二〇二三年十月七日、イスラエルに対し、テロ攻撃を仕掛けたのである。

拙著『寅さんとイエス』（［改訂新版］二二〇〜二二一頁）で触れたイスラエルの歴史家イラン・パペ（パッペとも表記）は、『イラン・パペ、パレスチナを語る――「民族浄化」から「橋渡しのナラティヴ」へ』（柘植書房新社、二〇〇八年）や『パレスチナの民族浄化――イスラエル建国の暴力』（法政大学出版局、二〇一七年）などで、イスラエル建国による暴力としての、ユダヤ人によるパレスチナ・アラブ人に対する民族浄化[43]を、強く主張する人物である。
十月七日のハマス襲撃に対し、国連の人権理事会はいち早く動いた。一週間後の十四日、フランチェスカ・アルバネーゼは各国に向けて声明を出す。以下は十月十五日の日本経済新聞の記事である。

イスラエルが準備しているパレスチナ自治区ガザへの侵攻を「自衛の名の下に、（パレスチナ人に対する）民族浄化に等しいことを正当化している」と強く警告した。また、各国に対し、即時停戦に向けた努力が必要だと呼び掛けた。一九四八年のイスラエル建国に際し、七〇万人以上のパレスチナ人が家を追われた「ナクバ（大惨事）」が再現されると指摘。「国際社会はこうしたことが繰り返されないよう、あらゆる手を尽くさなければならない」と訴えた。ガザ空爆など、進行中のイスラエルの軍事作戦は「すでに国際法の限度を大きく超えている」とも指摘。イスラエルに侵入して市民らを殺害したイスラム組織ハマスとともに、訴追対象になるとの見方を示した。イスラエル軍による地上侵攻が本格化すれば、ガザ住民に甚大な被害が出ることは避けられないとみられている。

フランチェスカ・アルバネーゼの指摘がいかに正しかったかは、彼女の声明以後、今日に至るまで、毎日毎日民間人、特に子供や女性が犠牲になっている事実が示している。
すでに指摘し、再度注目すべき「ナクバ」という言葉はアラビア語で「大惨事」を意味するが、パレスチナ・アラブ人にとっての「ナクバ」(一九四八年)の記憶は、ユダヤ人にとっての「ショア＝ホロコースト」の記憶に相当する。そしてナクバ以後のパレスチナ・アラブ人の悲劇は、皮肉にも、ホロコーストを経験したユダヤ人によってもたらされたというパラドックスである。

ロシアとウクライナの戦争も、イスラエルとパレスチナの紛争も、煎じ詰めれば、古《いにしえ》の領土を幻想する輩《やから》の仕業であると言っても過言ではない。平和に暮らしている庶民を殺害し、家族の日常性を奪う戦争、指導者の責任は重い。ロシアのプーチン大統領やキリル総主教、イスラエルのシャロン首相やネタニヤフ首相は、生涯心の傷を背負いつつ生きることを余儀なくされた、夥《おびただ》しい数の子供たちのことを想像することはできないのか！

国連のグテーレス事務総長は、十月二十四日の安全保障理事会で、以下の言葉を発した。

ハマスによる攻撃は何もないところから突然起きたわけではないということを認識することも重要だ。パレスチナの人々は五六年間、息苦しい占領下に置かれてきた。

実に誠実で良心的な発言であった。ここで五六年間とは、二〇二三年現在から五六年前ということ、一九六七年である。まさにこの年、イスラエルとアラブ連合(エジプト、シリア、ヨルダン等)の間で第三次中東戦争が勃発した。わずか六日間で終結したこの戦争で、敗北側であるエジプトのナセル大統領の指導力は失われ、圧勝したイスラエルはヨルダン川西岸地区、東エルサレム、ガザ地区、シナイ半島及びゴラン高原を軍事占領下に置いた。この「占領」は、一九七〇年代のイスラエルによるヨルダン川西岸及びガザ地区への「入植地」建設を加速させると共に、「占領」は今日まで続き、イスラエルは第三次中東戦争前まで認められていた休戦ラインを越え、国際法上認められていない所まで占領している。

二四日のグテーレス発言に対し、案の定、イスラエルのエルダン国連大使は「イスラム組織ハマスのテロ攻撃を正当化している」と反発し、グテーレス発言を「衝撃的」として、即刻辞任を求める。更にイスラエルのコーヘン外相は「恥を知れ」とまで罵る。

これに対し、グテーレス総長は翌二五日、以下のように弁明する。

私があたかもハマスによるテロ行為を正当化しているように受け止められていることに衝撃を受けている。それは間違いであり、全く逆だ。

イスラエルを名指しすることなく語ったこの弁明は、果たして必要であったか。むしろイスラエルの脅しに耳を貸さず、第三次中東戦争の国連安保理の決議二四二号「イスラエル軍のヨルダン川西岸とガザ地区からの撤退」を、今こそ強く呼びかけ、イスラエルに世界が共通に理解しているルールを守るよう促すべきではなかったか。

高坂正堯《まさたか》がその著『歴史としての二十世紀』（新潮選書、二〇二三年、二〇五〜二〇六頁）の中で、以下のように述べている。

…トインビーは…どの社会でも他の文明を導入するとき、これはユダヤ人の歴史に顕著ですが、一方に、物わかりのいい人たちの集団であるヘロデ派、他方に頑固派、狂信派、ズィーロット（ゼロテ派）が生まれて、お互いに反目すると述べています。……

ユダヤ人は偉大な民族ですが、国をつくると狂信的でありすぎるのかもしれません。現在イスラエルが中東でやっていることを見ると、気が気ではありません。あのようにしていると、一〇〇年、一五〇年後には、また国がなくなるのではないかとさえ感じてしまいます。それは結局、自分の信条に忠実でありすぎるからなのでしょう。古代イスラエルの場合、ヘロデ派対狂信派のドラマが鮮やかなので目立ちますが、そのような対立はどこにでもあるのです。

この言葉は、三四年前の講演である。今から三四年前というと、一九九〇年の時点で高坂正堯はイスラエルの状況をみていることになる。今日のイスラエルとパレスチナの紛争にずばり当てはまる、みごとに時のしるしを洞察した正論である。確かに「自分の信条に忠実でありすぎる」ユダヤ教原理主義、キリスト教原理主義、イスラム教原理主義が暴力を拡大させ、戦争の火種を撒いている。

もっとも、ここに出てくる「ヘロデ派」なるものは、本文でも言及したように、マルコ三の六、八の一五の異読、一二の一三並行のみに存在し、常にファリサイ派と対をなして登場するが、古代の他の文献には出て来ず、厳密なところは意味不明である。むしろはっきりしている対応は、ファリサイ派の中のシャンマイ派（伝統主義、ユダヤ民族主義で反ローマ）に対するヒレル派（自由主義、親ローマで七〇年のエルサレム滅亡後も生き残る）である。
二〇二四年二月現在、高い高い「壁」に囲まれ、「天井なき監獄」に閉じ込められたガザの犠牲者は二万七千人を超えた。その七割が子供と女性とのこと。貧しくとも日常の平和を求めて生きていた素朴な民間人、未来にいっぱい夢を抱いていた子供たち、その一人一人の命の大切さ。戦争を始めた者の責任が問われる。「壁」を作った者の責任が問われる。子供たちの泣き声、女性たちの叫び声と共に、イエスの声が聞こえてくる。

「我かつて汝らを知らず、悪を為す者よ、我を離れ去れ。」

（詩編六の九、マタイ七の二三、ルカ一三の二七参照）

最後に、ウクライナとガザの平和を念じつつ、ベルリンの「壁」が解体したように、いつの日かガザの「壁」が崩落する日を待ちわびつつ、ジャン・ポール・サルトルと並ぶフランスの実存哲学者ガブリエル・マルセルが「神の死と人間」と題する文章の中で引用した、シャルル・ペギーの詩をここで再び引用しつつ、追記――ガザの「壁」を終えよう。絶え間なく、濁《にご》れる水から清き水を創り給う、神の恩寵《おんちょう》に全ての望みを託して！

見よ、希望はいそしみはげみて、
悪しき水もて清き水をつくり、

老いたる水もて若き水をつくり、
老いたる月日もて若き月日をつくり、
古びたる水もて新しき水をつくり、
老いたる夕べもて若き朝をつくり、
濁れる魂もて澄める魂をつくるなり。

見よや、希望のたくみとはげみとを。
わが子らよ、これぞ、わが秘密なる。
そは、われは希望の父なれば。

…………

清き水もて清き水を湧き出でしめなば、
やがて尽きて果つるべし。
されど、希望は、おろかならねば、
そが尽き果つるを知れるなり。
希望は、悪しき水もて永久《とわ》の泉をつくる。
されば尽き果つることなかるべし。
わが恩寵の永久《とわ》の泉は、
絶えて尽き果つることなし、

いと大いなる恩寵なれば。
希望は、悪しき水もてその泉をつくる。
されば、尽き果つることなかるべし。
いと清き泉なれば。
希望は汚れたる日もて清き日をつくる。
されば、尽き果つることなかるべし。
希望は汚れたる魂もて清き魂をつくる。
されば、尽き果つることなかるべし。(44)

おわりに

拙著『寅さんとイエス』（筑摩選書）の第四章「ユーモア」についての冒頭で、「この本を書き始める以前、長年に亘り書いてみたいなと考え続けてきたテーマは、まさにこの章の寅さんとイエスのユーモアである」と語った。

今回は、ユーモアと笑いの塊《かたまり》である寅さんの方はお休みいただき、聖書の中で一度も笑っていないイエスに焦点を当ててみた。

本文中にも引用しているが、椎名麟三の言葉、「……私はただ、何とかしてイエス・キリストを笑わせてあげたいと思っているということにとどめよう。それにしても、聖書のどこかでイエスが笑っていて下さったら、とただそれだけが残念である」は意味深長である。

今回、この椎名麟三の願い、「笑っていないイエスを笑わせる」という至難の業に、可能な限りの想像力を働かせて挑戦してみた。ただ漠然とではなく、単なる思索としてでもなく、現代聖書学の分析に照らして浮かび上がるイエスの風貌を土台にしつつ、イエスの「笑い」をできるだけ鮮明に現在化する作業を試みた。

もしイエスが、世界の多くの人が信じているように、目に見えない神のみ顔を我々に啓示しているのなら、イエスが生前「アッバ父さん」と呼びかけた父なる神もまたイエスのようにユーモアと笑いに満ちたお方ということになる。もしそうなら、こんな愉快なことはなく、天災や戦争で冷え切ったこの世界に生きる我々の心にも、何とか最期まで生き抜く希望の光が灯るに違いない。

『寅さんとイエス』の時もそうであったが、鉛筆書き原稿を喜んで丁寧に入力してくれた教え子の藤井さん（森田千恵子）、日本文学に関する不明瞭な出典や資料を、明確に調べてくださった清泉女子大学時代の仲間である有光隆司先生、出版を快く承諾してくださった筑摩書房の松田健氏に、そして人生の途上で出会った「忘れ得ぬ人々」、「忘れて叶《かな》うまじき人々」一人ひとりに、深く深く感謝しつつ、筆を擱《お》こう。

二〇二三年　クリスマス

京都・聖トマス学院にて

米田彰男

註

(1) スペイン人の神父。バチカン聖書研究所の学者。この断片はマルコ六の五二～五三の写本であるとの学説を一九七二年にBiblicaに発表。

(2) 『キリスト教教父著作集2／Ｉ　エイレナイオス1異端反駁Ｉ』大貫隆訳、（教文館、二〇一七年）。

(3) J.B.Lightfoot,《The Apostolie Fathers PartII S.Ignatius》2 nd Ed.1889

(4) 『原典・ユダの福音書』一〇～一一頁参照。

(5) 「マタイにおける説教」五〇・二一～四。ＰＧ五八、五〇七、五一〇参照。

(6) 『正法眼蔵随聞記』参照。本文括弧内の注は増谷文雄『親鸞・道元・日蓮』（至文堂、一九五六年）による。

(7) 『アンチオケのイグナチオ書簡』Ｇ・ネラン、川添利秋共訳、（みすず書房、一九七五年）。

(8) E.Schillebeeckx,《Jezus:Het Verhaal van een Levende,Bloemendaal》1974 p.545

(9) 一九二四～二〇〇二年。新約聖書学者。ストラスブール大学神学部教授。

(10) 新約聖書の写本に関しては、田川建三著『書物としての新約聖書』（勁草書房、一九九七年）三五一～四八三頁参照。

(11) 『トマス・アクィナス　神學大全10』森啓訳、（創文社、二〇〇三年）。

(12) Charls Journet,《Connaissance et Inconnaissance de Dieu》Egloff,Paris,1943.『知られ知られざる神』竹島幸一訳、（ヴェリタス書院、一九六五年）。

(13) Henri Bremond,《Histoire littéraire du sentiment religieux en France》Paris,1916,t.II,P.66

(14) 北森嘉蔵『神の痛みの神学』（教文館、二〇〇九年）一七三～一八〇頁参照。

(15) Ｊ・エレミアス『イエスの譬え』善野碩之助訳、（新教出版社、一九六九年）。『イエスのたとえ話の再発見』南條俊二訳、（新教出版社、二〇一八年）。

(16) 増谷文雄『仏教とキリスト教の比較研究』（筑摩書房、一九九八年）二七六～二七八頁参照。

(17) 柳田聖山『沙門良寛――自筆本「草堂詩集」を読む』（人文書院、一九八九年）。

(18) Ｄ・Ｅ・トルーブラッド『キリストのユーモア』小林哲夫・悦子訳、（創元社、一九六九年）。

(19) 『椎名麟三全集』第一九巻、評論編、（冬樹社、一九七六年）。一六六～一七一頁。「道化師の孤独」の初出は、雑誌『指』第一四〇号（一九六二年）。『椎名麟三　信仰著作集(6)ユーモアについて』（教文館、一九七七年）。

（20） Fosdick,Harry Emerson 一八七八〜一九六九年。『主の人格』（ニューヨーク、アソシエーション・プレス、一九五八年）一六頁。栗原基訳『耶蘇の人格』（日本基督教興文協会、一九二二年）一九頁。

（21） George Meredith 一八二八〜一九〇九年、イギリスの小説家。『喜劇』林達夫訳、（岩波文庫、一九六九年）がある。

（22） 山本七平『聖書の常識　聖書の真実』（講談社、二〇〇五年）七四、七五頁「現代最先端の学問、聖書学」の項目を参照。

（23）『正統とは何か――G・K・チェスタートン著作集1』、福田恆存・安西徹雄訳、（春秋社、一九七三年）解題ピーター・ミルワード、三一二頁参照。

（24） 一九二五〜二〇一七年。上智大学名誉教授、イギリス出身のイエズス会司祭。

（25） ヤコブの子レビの子孫、イスラエルの祭司部族。しかし、祭司がアロンの直系に限定されるようになってからは、祭司の下位にあって宮の宗教的公務に服する階級。

（26） 神殿税は、二〇歳以上のユダヤ人男子は、パレスチナ在住のユダヤ人のみならず、ディアスポラ（δια-σπορά, δια+σπείρω〈散らす〉から来る言葉で、離散の民）のユダヤ人も、毎年2ドラクマ（ラテン語。ギリシヤ語は δραχμή ドラクメー）納税の義務を負った。

（27） 田川建三『イエスという男』第二版［増補改訂版］（作品社、二〇〇四年）一二六頁、『思想的行動への接近――イエスと現代』第二版（河田稔発行、一九七九年）四〇、四一頁、『新約聖書・訳と註1』第二版（作品社、二〇〇九年）三八三頁参照。

（28） 吉本隆明『マチウ書試論　転向論』（講談社、一九九〇年）一一五頁。

（29）『死海文書〈テキストの翻訳と解説〉』日本聖書学研究所編。（山本書店、一九六三年）、「宗規要覧（1QS）」一〇五頁。

（30） ウォルター・ウィンク著、志村真訳『イエスと非暴力　第三の道』（新教出版社、二〇〇六年）六〜四三頁参照。

（31） ジーン・シャープ（一九二八〜二〇一八）。『独裁体制から民主主義へ　権力に対抗するための教科書』瀧口範子訳（筑摩書房、二〇一二年）、中見真理『ジーン・シャープ　独裁体制から民主主義へ』（NHK出版、二〇二三年）参照。
（32）山浦玄嗣『人の子、イエス』（イー・ピックス出版、二〇〇九年）二一三頁。
（33）**C.H.Arthur Drews**　一八六五〜一九三五年。ドイツの哲学者。宗教についての非正統的考えやニーチェ哲学の反復的攻撃により論議を呼ぶ。歴史的イエスの実在に反対する、キリスト神話説を唱える。日本語訳の著書として、『キリストの神話』原田瓊生訳、（岩波書店、一九五二年）がある。
（34）田川建三『イエスという男』三三四〜三三四頁参照。
（35）『新共同訳』は「これ」を「このように」と訳しているが、この箇所のギリシャ語はοὕτωςではない。ギリシャ語の点からも内容的にも重大な誤訳である。詳細は『神と人との記憶……』四一、四二頁参照。
（36）アルバート・ノーラン『キリスト教以前のイエス』（新世社、一九九四年）六七頁。ドミニコ会の聖書学者。南アフリカにおいて、アパルトヘイト等の諸問題と立ち向かう。『南アフリカにいます神——福音の挑戦』吉田聖訳、（南窓社、一九九三年）も参照。
（37）『ガザの悲劇は終わっていない——パレスチナ・イスラエル社会に残した傷痕』（岩波ブックレット七六二、二〇二三年）六二頁。
（38）『新版・荒れ野の40年——ヴァイツゼッカー大統領ドイツ終戦40周年記念演説』（岩波ブックレット七六七、二〇一五年）六〜一一頁参照。
（39）同前二四頁。
（40）パレスチナは本来「地域」の名前。南にエジプト、東にヨルダン、北にシリアやレバノンがある地中海の東沿岸にある地域を指す。二千年程前の紀元七〇年、ローマ帝国によってユダヤ人の王国が滅ぼされ、地中海世界その他に離散するまではパレスチナはユダヤ人が住んでいた土地であるが、その後紆余曲折はあるもののアラブ人が住み続ける。一九六七年の第三次中東戦争でイスラエル軍が圧勝し、「占領」政策が始まり、ヨルダン川西岸を中心に、アラブ人を押し退けて、次第にユダヤ人が入植（その土地に入って生活すること）し、少しずつ侵食しながら今日に至っている。
（41）J－P．・サルトル『ユダヤ人』安堂信也訳（岩波新書、二〇二三年）七九〜八〇頁。
（42）十九世紀末、ユダヤ人たちの間でパレスチナの地に戻り国を作ろうというシオニズム運動が本格化し、一八九七年に第一回シオニスト会議が開かれる。イギリスはユダヤ系の財閥ロスチャイルドから資金援助を引き出す目的で、ユダヤ人に国家建設を約束し（一九一七年、バルフォア宣言）、また一方でイギリスは、当時パレスチナを含むアラブ地域を支配していたオスマン帝国を切り崩すため、アラブ人にもオスマン帝国と戦えば、独立国家をつくる約束をしていた（一九一五年、フセイン・マクマホン協定）。この二枚舌が今日の混乱の元凶となる。さらに一九一六年にはイギリスはフランスとサイクス・ピコ協定を結び、中東の分割支配を約束。以上が悪名高き、イギリスの「三枚舌外交」である。

（43）民族浄化とは、ある民族集団が他の民族集団を一つの民俗で均質にするため、虐殺や強制移住などの手段によって殲滅《せんめつ》させる行為。

（44）ガブリエル・マルセル『神の死と人間』伊吹武彦他訳（中央公論社、一九五八年）一六一～一六三頁。

米田彰男 よねだ・あきお

一九四七年、松山市生まれ。愛光高校（スペイン系ドミニコ会創設）在学中、神父になることを決意。漂泊の五年の間、今は無き「蟻の町」（東京都江東区）等で働く。その後、信州大学理学部を卒業したが、さらに十数年、カナダのドミニコ会哲学神学院、スイスのフリブール大学等で哲学・神学・聖書学を学ぶ。現在、カトリック司祭。著書に『寅さんとイエス［改訂新版］』（筑摩選書）、『神と人との記憶――ミサの根源』（知泉書館）、『寅さんの神学』（オリエンス宗教研究所）がある。

筑摩選書 0279

イエスは四度《よんど》笑《わら》った

二〇二四年五月一五日　初版第一刷発行
二〇二四年九月一五日　初版第二刷発行

著　者　米田《よねだ》彰男《あきお》

発行者　増田健史

発行所　株式会社筑摩書房
東京都台東区蔵前二-五-三　郵便番号 一一一-八七五五
電話番号　〇三-五六八七-二六〇一（代表）

装幀者　神田昇和

印刷 製本　中央精版印刷株式会社

乱丁・落丁本の場合は送料小社負担でお取り替えいたします。

ISBN978-4-480-01798-7　C0316

筑摩選書 0184

明治史研究の最前線

小林和幸 編著

政治史、外交史、経済史、思想史、宗教史など、多様な分野の先端研究者31名の力を結集し明治史研究の最先端を解説。近代史に関心のある全ての人必携の研究案内。

筑摩選書 0187

明智光秀と細川ガラシャ

戦国を生きた父娘の虚像と実像

井上章一　呉座勇一　フレデリック・クレインス　郭南燕

なぜ光秀は信長を殺したか。なぜ謀反人の娘が聡明な美女と伝わったのか。欧州のキリスト教事情や近代日本でイメージが変容した過程などから、父娘の実像に迫る。

筑摩選書 0211

ヨーロッパ思想史

理性と信仰のダイナミズム

金子晴勇

ギリシアの理性とヘブライズムの霊性の総合、それに続いて起きる解体――この総合と解体のダイナミズムに注目して、ヨーロッパ思想史全体を描き出す野心的試み。

筑摩選書 0212

「ポスト・アメリカニズム」の世紀

転換期のキリスト教文明

藤本龍児

20世紀を主導したアメリカ文明も近年、動揺を見せつつある。アメリカニズムの根底には何があり、どう変わろうとしているのかを宗教的観点からも探究した渾身作！

筑摩選書 0232

日清・日露戦史の真実

『坂の上の雲』と日本人の歴史観

渡辺延志

『日清戦史』草稿の不都合な事実はなぜ隠蔽されたか。『日露戦史』でもなされた戦史改竄が遺した禍根を考察し、『坂の上の雲』で形成された日本人の歴史観を問い直す。

筑摩選書 0233

越境する出雲学

浮かび上がるもうひとつの日本

岡本雅享

出雲という地名や神社が列島各地にあるのはなぜか。全国の郷土史を渉猟し、人の移動や伝承の広がりを丹念に跡付けることで、この国のもう一つの輪郭を描き出す。

筑摩選書 0236

弱いニーチェ

ニヒリズムからアニマシーへ

小倉紀蔵

ニーチェの言う「超人」は、弱い人間だった。世界哲学の視点からニーチェを読み直して見えてくる生命力あふれる人間像に、混迷の時代を生き抜く新しい力を見出す。

筑摩選書 0240

「笛吹き男」の正体

東方植民のデモーニッシュな系譜

浜本隆志

中世ドイツ・ハーメルンの「笛吹き男」伝説。一三〇名に及ぶ子供たちが突如消えた事件である。「東方植民」の視点から真相に迫り、ドイツ史における系譜を探る。

筑摩選書 0245

平和憲法をつくった男 鈴木義男

仁昌寺正一

日本国憲法第9条に平和の文言を加え、25条の生存権を追加することで憲法に生命を吹き込んだ法律家・政治家「ギダンさん」。その生涯をたどるはじめての本格評伝。

筑摩選書 0252

寅さんとイエス［改訂新版］

米田彰男

イエスの風貌とユーモアは寅さんに似ており、ともに人間性を回復させる力を持つ。寅さんとイエスを比較する試みが大きな反響を呼んだロングセラーの改訂新版。

筑摩選書 0253

悟りと葬式

弔いはなぜ仏教になったか

大竹晋

悟りのための仏教が、なぜ弔いを行っているのだろうか。各地の仏教を探り、布施、葬式、戒名、慰霊、追善、起塔などからアジア各地に共通する背景を解明する。

筑摩選書 0254

日本政教関係史

宗教と政治の一五〇年

小川原正道

統一教会問題でも注目を集めている政治と宗教の関係の変遷を、近現代の様々な事例をもとに検証。信教の自由と政教分離の間で揺れ動く政教問題の本質に迫る。

筑摩選書
0255

日本人無宗教説
その歴史から見えるもの

藤原聖子 編著

「日本人は無宗教だ」とする言説の明治以来の系譜をたどり、各時代の日本人のアイデンティティ意識の変遷を解明する。宗教意識を裏側から見る日本近現代宗教史。

筑摩選書
0256

隣国の発見
日韓併合期に日本人は何を見たか

鄭大均

日韓併合期に朝鮮半島に暮らした日本人は、その自然や文化に何を見たのか。安倍能成、浅川巧ら優れた観察者のエッセイを通じて、朝鮮統治期に新たな光を当てる。

筑摩選書
0257

実証研究　東京裁判
被告の責任はいかに問われたか

戸谷由麻
デイヴィッド・コーエン

東京裁判の事実認定がいかになされ、各被告人の責任がどう問われたのかを実証的に解明。東京裁判の国際刑事裁判史上の功績を問いなおし、その問題点を検証する。

筑摩選書
0258

風土のなかの神々
神話から歴史の時空を行く

桑子敏雄

高千穂・日向・出雲の景観問題解決に奔走した著者が神話の舞台を歩き、記紀編纂の場である飛鳥の遺跡に立って、古代の人々が神々に託した真意を明らかにする。

筑摩選書
0259

古代中国　説話と真相

落合淳思

酒池肉林、臥薪嘗胆……よく知られる説話を信頼できる史料から検証し、歴史を再構築する。古代中国史を批判的に見つつも、よき「戦国時代案内」でもある一冊。

筑摩選書
0260

南北朝正閏問題
歴史をめぐる明治末の政争

千葉　功

南北朝時代の南朝・北朝のどちらが正統かをめぐる明治末の大論争は深刻かつ複雑な政治的・社会的事件だった。現代の歴史問題の原点となった事件の真相を解明する。

筑摩選書
0267
意味がわかるＡＩ入門
自然言語処理をめぐる哲学の挑戦
次田瞬
ＣｈａｔＧＰＴは言葉の意味がわかっているのか？　現在のＡＩを支える大規模言語モデルのメカニズムを解き明かし意味理解の正体に迫る、哲学者によるＡＩ入門！

筑摩選書
0268
歪な愛の倫理
〈第三者〉は暴力関係にどう応じるべきか
小西真理子
あるべきかたちに回収されない愛の倫理とはなにか。暴力の渦中にある〈当人〉の語りから、〈第三者〉の応答可能性を考える刺激的な論考。

筑摩選書
0269
台湾の半世紀
民主化と台湾化の現場
若林正丈
日中国交正常化で日本が台湾と断交したのと同じ年に研究の道へ進んだ第一人者が、政府要人、台湾人研究者とのエピソードを交えながら激動の台湾史を問い直す。

筑摩選書
0270
東京漫才全史
神保喜利彦
通説を覆す「東京漫才」の始まり、戦後のメディアと連動した復興、ＭＡＮＺＡＩブームから爆笑問題、ナイツの活躍まで余すところなく描く画期的「東京」漫才史。

筑摩選書
0271
エラスムス　闘う人文主義者
高階秀爾
稀代の風刺文学『痴愚神礼讃』を世に送り、宗教改革の狂乱の時代に理性の普遍性と自由な精神を信じ続けた人文主義者エラスムスを描き出す渾身の傑作評伝。

筑摩選書
0272
日本思想史と現在
渡辺　浩
過去にどのようなことがあったために、いま私たちはこのように感じ、思い、考えるのか。碩学による「日本」をめぐる長年の思想史探究を集成した珠玉の小文集。

筑摩選書 0273

漫画家が見た百年前の西洋
近藤浩一路『異国膝栗毛』の洋行

和田博文

黄金の1920年代、日本はヨーロッパ旅行ブームが始まる。いち早く洋行を果たした漫画家の旅行記を通し、百年前の日本人の異文化体験を再体験する。図版多数。

筑摩選書 0274

金正恩の革命思想
北朝鮮における指導理念の変遷

平井久志

北朝鮮が掲げる金正恩の革命思想とは何か。二〇一一年以来の金正恩時代における、指導理念の変遷を通史的に考察。北朝鮮ウォッチャーの第一人者による最新研究。

筑摩選書 0275

日本と西欧の五〇〇年史

西尾幹二

西欧世界とアメリカの世界進出は、いかに進んだのか。戦争五〇〇年史を遡及し、近代史の見取り図から見逃されてきたアジア、分けても日本の歴史を詳らかにする。

筑摩選書 0276

SF少女マンガ全史
昭和黄金期を中心に

長山靖生

一九七〇〜八〇年代はSF少女マンガ黄金期だった。黄金時代を中心に、数多くの名作を残してきた作家たちの歩みとその魅力を、SF評論の第一人者が語りつくす。

筑摩選書 0277

訟師の中国史
国家の鬼子と健訟

夫馬進

中国はかつて訴訟を助ける訟師（しょうし）が跋扈する訴訟だらけの「健訟」社会だった。宋代から清末にかけて暗躍し、蛇蝎の如く嫌われた訟師の実態を描き出す。

筑摩選書 0278

岩波書店の時代から
近代思想の終着点で

大塚信一
堀切和雅

近代からポストモダンへの思想的転換点にあった二十世紀後半の岩波書店は何を発信したか。様々な文化人の出版活動とその思想的背景を当時の編集者が語りつくす。